SALLY O'NEIL

HEALTHY
MEAL
PREP

1× KOCHEN,
5× NATÜRLICH
UND GESUND
GENIESSEN

WIDMUNG

Dieses Buch widme ich euch.

Indem ihr es zur Hand genommen habt, gebt ihr mir die Chance, euren Küchenalltag zu verbessern. Wir alle haben so viel zu tun: Beruf, Familie, Freunde und wahrscheinlich haben wir gar keine Zeit, ein Buch zu lesen (Hat eigentlich der Hund sein Futter bekommen?). Ich freue mich, dass es euch gibt, und dieses Buch habe ich extra für euch geschrieben.

Genau wie ihr jongliere ich mit tausend Sachen. Manchmal ist es zum Verrücktwerden: Berufs- und Alltagpflichten, mein Studium, Sport, Reisen und und, und ... Manchmal habe ich alles im Griff. Aber es ist auch schon vorgekommen, dass ich glorreich – und öffentlich – gescheitert bin.

Ich möchte an dieser Stelle allen Abonnenten, Followern, Lesern und Freunden danken, die mich auf meinem Weg unterstützt haben. Ihr habt so viele meiner Texte gelesen (auch diesen), und dafür möchte ich gern etwas zurückgeben – selbst wenn es nicht viel mehr ist als ein strahlendes Lächeln und eine köstliche Quiche.

Vielen Dank, dass ihr mir geholfen habt, einen beruflichen Weg zu gehen, der meine gewagtesten Träume übertrifft.

Sally

@thefitfoodieblog

SALLY O'NEIL

HEALTHY
MEAL
PREP

1× KOCHEN,
5× NATÜRLICH
UND GESUND
GENIESSEN

Inhalt

Machen wir es uns leicht!

Obwohl ich ein schönes Arbeitszimmer habe, schreibe ich dieses Vorwort am abgetakelten Tisch in der Stadtbücherei, gleich neben einer Gruppe lärmender Kinder. Warum? Weil ich mich leicht ablenken lasse. Von der Wäsche, von Anrufen, vom dringenden Bedürfnis, das Gewürzregal aufzuräumen, oder vom Lockruf von Netflix. Kennst du das? Wir alle versuchen, ein glückliches, gesundes und ausgeglichenes Leben zu führen, ...

... aber seien wir ehrlich: Es kostet ziemlich viel Zeit, gesund zu bleiben. Yogakurse, Einkauf auf dem Wochenmarkt, Zubereitung grüner Smoothies und Planung der Mahlzeiten – das ist eine ganze Menge. Und wenn die Zeit knapp ist, werden wir leicht nachlässig. Obwohl ich Food-Bloggerin bin, kann ich nicht behaupten, dass ich täglich frisch koche. Ich habe so viel zu tun, da kann ich nicht auch noch stundenlang am Herd stehen.

Zurzeit versuche ich, drei Jobs zu stemmen, nebenbei mein Studium der Ernährungswissenschaft abzuschließen und die Welt kennenzulernen. Aber ich will mich auch um meinen Körper kümmern. Ich möchte mich gut fühlen, wenn ich meine To-do-Listen abarbeite. Dir geht es bestimmt auch so. Gar nicht so einfach!

Ich habe sicher nicht auf jede Frage eine Antwort, aber im Lauf der Zeit habe ich viele Tricks gelernt, wie man sich auf EINFACHE Weise gesund ernähren kann.

Die Zauberformel lautet: vorbereiten, portionieren, lagern. Zugegeben, die Vorbereitung kostet etwas Zeit, aber nicht mehr als zwei Stunden pro Woche. Schneller geht es nur, wenn man täglich einen Lieferdienst anruft. Aber das ist teuer und nicht wirklich gesund. Es lohnt sich, neue Kochgewohnheiten zu lernen, um wieder mehr Zeit für all die Dinge zu gewinnen, die im Leben wirklich wichtig sind.

Mehr Zeit will ich nun nicht mit der Vorrede verschwenden. Kommen wir zur Sache – guten Appetit!

Sally x

Warum Mahlzeiten vorbereiten?

Zeit ist Mangelware, und wenn wir unter Zeitdruck stehen, machen wir zuerst beim Schlaf und beim Kochen Abstriche. Für deinen Schlaf kann ich nichts tun. Ich kann dir aber helfen, in der Küche mit cleverer Vorbereitung nicht nur Zeit zu sparen, sondern auch Geld.

Weniger Schlaf und mehr Kaffee, weniger selbst kochen und mehr fertig kaufen – das scheinen typische Zeiterscheinungen zu sein. Aber darunter leidet die Lebensqualität, denn was wir in den Mund stecken, wirkt sich direkt auf Gewicht und Gesundheit aus. Natürlich ist Bewegung wichtig, aber sie kann eine schlechte Ernährung nicht ausgleichen. Außerdem wirkt sich eine gute Ernährung auch auf die geistige Gesundheit aus. Wer gut isst, kann seinem Körper gegenüber ein gutes Gewissen haben.

Gesundes Essen muss leicht zu beschaffen und unkompliziert zuzubereiten sein, sonst hält man die allerbesten Vorsätze nicht lange durch. Wer einige einfache Zubereitungsmethoden und einige clevere Tricks kennt, kann immer wieder neue leckere Kombinationen genießen.

Ich schwöre darauf, Mahlzeiten für die ganze Woche im Voraus zuzubereiten. Das bedeutet aber keineswegs, das ganze Wochenende in der Küche zu verbringen. Die Kunst besteht darin, sich auf einige „Helden" zu beschränken, die man im Lauf der Woche für verschiedenste Gerichte verwenden kann. Ab und zu koche ich auch andere Gerichte in größeren Mengen und friere sie portionsweise ein. Wer sich das angewöhnt, verbringt unterm Strich weniger Zeit am Herd und kann sich trotzdem jederzeit bei Bedarf eine Mahlzeit auftauen.

Anfangs fand ich die Planung eines gesunden Wochenmenüs schwierig. Doch dann habe ich gelernt, proteinhaltige Zutaten vorzubereiten (Schritt 1), Gerichte auf Vorrat zu kochen (Schritt 2) und alles wie in einem Baukastensystem miteinander zu kombinieren (Schritt 3). Das Ergebnis war eine abwechslungsreiche Ernährung bei geringem Zeitaufwand. Ich habe gewiss nicht das Rad neu erfunden, aber ich kann dir einige Tricks verraten, wie sich die Essensvorbereitung schneller und praktischer gestalten lässt.

Wer raffinierte Rezepte sucht, um anspruchsvolle Gäste zu beeindrucken, sollte lieber das Buch eines Promi-Kochs zur Hand nehmen. Mir geht es nicht darum, dass jeden Tag etwas ganz Besonderes auf den Tisch kommt. Stattdessen möchte ich dir helfen, in der Küche Zeit zu sparen, um sie für andere wichtige Dinge im Leben zu nutzen, und trotzdem gut zu essen.

Fünf Vorteile der Vorbereitung

1 Zeit sparen
2 Geld sparen
3 weniger Abfall
4 gut für die Gesundheit
5 Kontrolle der Portionsgrößen

Wie schafft man das?

Keine Sorge: Ich will dich nicht überreden, selbst Mandeldrink oder Nussmus herzustellen, Hülsenfrüchte einzuweichen oder andere Dinge zuzubereiten, die man überall für wenig Geld kaufen kann. Du musst nicht dörren oder fermentieren, und du brauchst auch nicht massenweise Superfoods. All das kann Aufwand mit sich bringen, viel Zeit kosten und manchmal frustrierend sein, wenn es nicht dein Ding ist. Mir geht es um das genaue Gegenteil: schnelle, einfache Mahlzeiten.

Worauf kommt es beim Vorbereiten an?

Der Sinn der Vorbereitung besteht darin, Lebensmittel frühzeitig zuzubereiten, um an anderen Tagen, an denen die Zeit knapp ist, schnell eine Mahlzeit auf den Tisch zu bringen. Statt jeden Morgen Haferflocken zu kochen, kannst du auch alle fünf Portionen für die Arbeitswoche in einem Aufwasch kochen. Das spart Zeit, und wenn du in Eile bist, greifst du nicht so leicht zu ungesunden Snacks.

Manche Menschen haben am liebsten fertige Mahlzeiten griffbereit, andere legen gern vor dem Essen noch kurz Hand an. In beiden Fällen lässt sich die Zeit in der Küche so effizient nutzen, dass man Freiraum für andere Dinge gewinnt. Nichts spricht dagegen, ein gutes Pesto oder ein Glas eingelegtes Gemüse fertig zu kaufen. Du musst nicht alles von Grund auf selbst zubereiten. Darum habe ich auf Seite 28–29 eine Liste meiner Lieblingsprodukte zusammengestellt. Mir geht es darum, verschiedene Möglichkeiten aufzuzeigen, wie du dich während der Arbeitswoche gesund, lecker und unkompliziert ernähren kannst.

In manchen Rezepten, wie z. B. Müsli, messe ich die Zutaten in Tassen ab. Das ist überaus praktisch und spart Zeit, weil ich nicht erst die Küchenwaage aus dem Schrank holen muss. Ich verwende eine normale Kaffeetasse mit etwa 250 Milliliter.

Für viele Rezepte in diesem Buch nenne ich zwei oder drei Varianten. Wenn du ein Rezept kennst, möchtest du es vielleicht abwandeln. So gewinnst du Zeit und brauchst auch nicht drei Tage hintereinander dasselbe Gericht zu essen. GÄHN.

SO EINFACH IST DAS:

Schritt **1** → *Schritt* **2** → *Schritt* **3**

Zuerst wird die Hauptkomponente der Mahlzeit zubereitet – also der leckerste Teil. Dabei lernst du einige Grundkenntnisse und Techniken, die du immer wieder anwenden kannst.

Im zweiten Schritt bereiten wir Snacks und Mahlzeiten zu, die man sofort essen oder für einen anderen Tag im Kühlschrank oder im Gefrierfach aufbewahren kann.

Und dann geht es darum, die vorbereiteten Zutaten immer wieder neu zusammenzustellen, damit nie Langeweile aufkommt. Das funktioniert nach einem einfachen Baukastensystem.

Fertigprodukte sind erlaubt. Meine Favoriten findest du auf Seite 28.

Grundlagen

Kennst du Leute, die fast nichts im Kühlschrank haben und trotzdem etwas Leckeres auf den Tisch zaubern können? Zu diesen einfallsreichen Küchengenies wirst auch bald du gehören.

Wer viel zu tun hat, befürchtet vielleicht, dass eine Wochenplanung das Zeitkonto zusätzlich belastet. Das kann ich verstehen, aber tatsächlich hilft gute Organisation dabei, Zeit zu sparen. Hier verrate ich, wie die Planung schnell und einfach von der Hand geht.

1

BESTANDS-AUFNAHME

Notiere dir, welche Vorräte in Speisekammer, Kühlschrank und Gefrierfach vorhanden sind.

2

WAS FEHLT?

Blättere das Buch durch und markiere Rezepte, für die du die Zutaten im Haus hast, mit Lesezeichen (oder knicke im Notfall die Ecken um). Wenn wichtige Zutaten fehlen, notiere sie auf einer Einkaufsliste.

Wenn du einige der Hauptzutaten hast, aber nicht weißt, wie du sie kombinieren kannst, schau im dritten Kapitel dieses Buchs nach.

3

AUFSCHREIBEN

Nimm ein Notizbuch (siehe Tipp). Schreibe zuerst die Wochentage hinein und notiere dann Ideen für Gerichte, die du mit den vorhandenen Vorräten zubereiten kannst.

Plane unbedingt einen Tag ein, an dem die Reste aufgegessen werden. Mit einer Dose Thunfisch oder einem hart gekochten Ei kann daraus leicht eine richtige Mahlzeit werden. Das war's schon: Fertig ist ein Wochenplan!

4

ZEIT-MANAGEMENT

Notiere dir auch die Zeit, die du zum Vorbereiten und Verstauen deiner Hauptzutaten brauchst. Wenn du nur fünf Minuten hast, um Gemüse zu schnippeln, nutze sie.

Schreibe auf, welche Vorbereitungen nötig sind. Beginne mit der Aufgabe, die am meisten Zeit kostet. Mir hilft es beim effizienten Arbeiten, wenn ich weiß, was zuerst zu tun ist, was an zweiter Stelle und was zuletzt.

5

EINMAL KOCHEN, ZWEIMAL ESSEN

Ob Mixer, Pürierstab oder Herd zum Einsatz kommt: Gewöhne dir an, immer mehr als eine Portion zuzubereiten.

Die meisten Gerichte in diesem Buch (oder ihre Bestandteile) lassen sich einfrieren oder können bis zu einer Woche im Kühlschrank aufbewahrt werden. Langeweile ist der Feind des Genusses. Darum ist es so wichtig, Lebensmittel immer wieder anders zu kombinieren. Aber dazu mehr im dritten Kapitel.

6

GEWONNENE ZEIT GENIESSEN

Nun hast du nicht nur gesunde Mahlzeiten zur Hand, sondern auch noch Zeit gewonnen. Gutes Gefühl, oder?

Es ist übrigens sinnvoll, wenn die Küche immer aufgeräumt ist und du genug saubere Vorratsbehälter griffbereit hast.

So klappt es

Hier folgen einige Tipps, mit denen die Menüplanung garantiert leichter von der Hand geht.

Klein anfangen

Bitte blättere jetzt nicht einfach weiter, sonst kann es passieren, dass du dich bei dem Gedanken, acht verschiedene Gerichte vorzubereiten, überfordert fühlst. Fang klein an und übe dich im Multitasking. Wenn du zehn Minuten Zeit hast (und die hast du, wetten?), ist das genug, um das Frühstück für die ganze Woche vorzubereiten. Nutze, was du hast – die Zeit und die Zutaten.

Suche dir einige einfache Rezepte mit wenigen Zutaten aus und schreibe alles, was du nicht im Haus hast, auf einen Einkaufszettel. Am einfachsten ist es, Rezepte zu wählen, für die du die gleichen Zutaten brauchst. So werden auch Reste immer verbraucht. Du wirst den Bogen bald heraushaben.

Bitte recht einfach

Ich habe nicht vor, dich mit extravaganten Gerichten zu quälen, die viel Zeit und Geld kosten. Hier geht es um einfache Küche. Das ist keinesfalls gleichbedeutend mit fadem, langweiligem Essen. Vielmehr geht es darum, Zutaten auf einfache Weise vorzubereiten und später mit Saucen, Kräutern und etwas Fantasie aufzupeppen. Damit für viel Abwechslung gesorgt ist, konzentrieren wir uns auf die Proteinkomponente – etwa Hühnerfleisch, Fisch oder Tofu – und lernen dann, wie man diese immer wieder anders kombinieren kann, damit sicher keine Langeweile aufkommt.

Experimentieren

Du kannst Zutaten von den Listen in den Rezepten gern gegen andere austauschen, die du im Haus hast oder die gerade Saison haben oder die du besonders gern magst. Es ist nicht nötig, dass du deine Vorratskammer von Grund auf neu bestückst. Das würde nur unnötig Zeit und Geld kosten. Ich möchte dir aber helfen, beides zu sparen. Wenn in einem Rezept getrockneter Oregano angegeben ist und du nur Paprikapulver im Haus hast, nimm es!

Multitasking

Wenn du Rezepte mit verschiedenen Zubereitungsmethoden aussuchst, kannst du mehrere gleichzeitig zubereiten: eins im Backofen, ein anderes auf der Herdplatte. Beginne mit dem, das am meisten Zeit braucht, und nimm dir zuletzt das vor, das am schnellsten fertig ist. Auf diese Weise werden mehrere Gerichte in kurzer Zeit fertig.

Du kannst auch Zutaten mit der gleichen Garzeit zusammen zubereiten. Wenn du verschiedenes Wurzelgemüse wie Karotten, Süßkartoffeln und Pastinaken gemeinsam in einem Bräter röstest, sparst du Zeit und gewinnst Abwechslung. Dasselbe gilt für Gemüse, das oberirdisch wächst und eine kürzere Garzeit hat, beispielsweise Spargel, Kirschtomaten und Zucchini.

Tricks sind erlaubt

Verlange nicht von dir, eine Superhausfrau oder ein Superhausmann zu sein. Für manche Dinge hast du einfach keine Zeit, darum ist es absolut legitim zu tricksen. Eine Liste meiner besten Zeitspartipps findest du auf Seite 24–25.

Das große Ganze

In diesem Buch geht es nicht darum, komplette Mahlzeiten zu kochen. Stattdessen konzentrieren wir uns auf einzelne Bestandteile, die sich gut separat im Vorfeld zubereiten lassen. Dadurch hast du die Möglichkeit, dir immer wieder andere Kombinationen zusammenzustellen, fast wie bei einem Büffet. Im dritten Kapitel beschäftigen wir uns genauer damit, wie du aus den verschiedenen Kategorien (Kohlenhydrate, Fette und Proteine) ausgewogene, interessante Mahlzeiten zusammenstellen kannst.

Wenn dir diese Herangehensweise neu ist, bereite anfangs nur Mahlzeiten für einige Tage vor.

Das Einmaleins der Nährstoffe

Bevor du mit dem Zubereiten von Gerichten beginnst, solltest du wissen, wie sich eine ausgewogene Mahlzeit zusammensetzt. Es geht dabei um das Verhältnis der Hauptnährstoffe. Jede Mahlzeit sollte drei Hauptnährstoffe umfassen, von denen jeder einem anderen Zweck dient.

Wahrscheinlich hast du schon viele Kochbücher in der Hand gehabt, und wahrscheinlich wirst du auch in diesem wahllos blättern, um dich inspirieren zu lassen. Du erwartest appetitliche Fotos, clevere Zeitspartipps und gesunde Gerichte, die du im Handumdrehen zubereiten kannst. Dann gehst du in die Küche und überlegst, wie du eine meiner Ideen am besten umsetzen kannst.

Ausgezeichnet. Schließlich ist dieses Buch kein dogmatischer Ernährungsführer. Du kannst dir das Vorbereiten selbst aneignen und mit etwas Einfallsreichtum zur festen Gewohnheit machen. Allerdings funktioniert das System nur, wenn du nicht jeden Tag dasselbe essen musst. Das Erfolgsgeheimnis liegt in der Abwechslung (die ja auch sonst die Würze des Lebens ausmacht). Außerdem tut Abwechslung auch deinem Körper gut, denn so ist dafür gesorgt, dass du eine große Bandbreite von Vitaminen und Mineralien aus verschiedenen Lebensmitteln zu dir nimmst. Je bunter dein Teller ist, desto besser.

Was sind nun diese drei Hauptnährstoffe, und wie baut man sie in die Ernährung ein? Es geht um Kohlenhydrate, Proteine und Fette.

Warum sollte eine ausgewogene Mahlzeit alle drei enthalten? Das hat hauptsächlich damit zu tun, wie schnell unser Körper sie verbrennt. Am schnellsten verdauen wir Kohlenhydrate, dann Proteine und am langsamsten Fette. Darauf möchte ich hier etwas genauer eingehen. Nur wer gut informiert ist, kann seine Mahlzeiten optimal zusammenstellen. Das gilt auch, wenn man essen geht oder beim Lieferdienst bestellt.

Kohlenhydrate

Kohlenhydrate verdaut der Körper zuerst. Sie werden in Glukose umgewandelt, die als primäre Energiequelle dient. Nun gibt es aber verschiedene Kohlenhydrate. (Kannst du mir noch folgen?) Man unterscheidet zwischen einfachen und komplexen Kohlenhydraten. Einfache Kohlenhydrate werden schneller verdaut als komplexe, weil sie nur von einer oder zwei chemischen Bindungen zusammengehalten werden. Zugegeben, das könnte auch in einem Chemiebuch stehen …

Zum Beispiel weißer Zucker. Hergestellt wird er als brauner Zucker. VERWIRREND? Dann wird die Melasse entfernt, und es bleiben die weißen Kristalle – einfache Kohlenhydrate – zurück. Auch weißer Reis liefert einfache Kohlenhydrate, denn er entsteht, indem man vom Naturreis den Keim und die Hüllschicht entfernt. Einfache Kohlenhydrate kommen aber auch in der Natur vor, zum Beispiel in manchen Obst- und Gemüsesorten und in Milch.

Nimmt man einfache Kohlenhydrate zu sich, werden sie sehr schnell verdaut, und die Glukose gelangt sofort in die Blutbahn. Das führt zu einem schnellen Anstieg des Blutzuckerspiegels. Komplexe Kohlenhydrate sind zum Beispiel in (Süß-)Kartoffeln, Naturreis und anderem Vollkorngetreide, kernigen Haferflocken und Kürbis enthalten. Weil sie über drei chemische Bindungen verfügen, braucht der Körper länger, um sie aufzuspalten. Das bedeutet, dass die Glukose langsamer in die Blutbahn gelangt und es nicht zu starken Schwankungen des Blutzuckerspiegels kommt.

Okay, das genügt an Theorie. Fassen wir zusammen: Komplexe Kohlenhydrate sind die guten. Die einfachen sind nicht so gesund. Das heißt, du solltest dich bei ihnen zurückhalten, ohne dabei zu hysterisch zu werden. Kuhmilch wird dich nicht umbringen (sofern sie nicht verdorben ist – bitte nicht zu lange im heißen Auto spazieren fahren).

Proteine

Wenden wir uns dem nächsten Hauptnährstoff zu. Proteine sind komplizierter aufgebaut als Kohlenhydrate. Sie bestehen aus vielen kleinen Bausteinen, den Aminosäuren. Die chemischen Bindungen der Proteine können nur mithilfe von Säure aufgebrochen werden. Diese Aufgabe übernimmt die Magensäure. Menschen, die ins Fitnessstudio gehen oder abnehmen wollen, lieben Proteine, weil sie Reparatur und Aufbau von Muskeln fördern. Ein höherer Muskelanteil bewirkt einen höheren Grundumsatz (Stoffwechsel im Ruhezustand), und das bedeutet, dass beim Nichtstun mehr Kalorien verbrannt werden. Tatsächlich ist es etwas komplizierter, aber es genügt zu wissen, dass eine ausreichende Proteinversorgung notwendig ist, um gesund zu bleiben.

Fette

Fette werden am langsamsten verdaut. Sie tragen dazu bei, dass der Magen langsamer leer wird – wir fühlen uns also länger satt. Da sie außerdem einen sehr hohen Brennwert haben (Kilokalorien pro Gramm), brauchen wir nur wenige. Sie sind aber unerlässlich, damit unser Körper fettlösliche Vitamine aufnehmen kann. Ohne Fette kann unser Organismus diese Vitamine (A, D, E und K) nicht verwerten. Fett ist also ein wohlschmeckender Vitaminträger. Um das Thema nicht überzustrapazieren, beschränke ich mich auf die Aussage, dass manche Fette gesünder sind als andere. Generell sind ungesättigte Fette gesünder als gesättigte. (Kokosöl stellt zurzeit eine viel diskutierte Ausnahme dar. Auf seriösen Websites kann man sich genauer informieren. Ich verwende es zum Backen, weil es Geschmack und Konsistenz verbessert.)

KOHLENHYDRATE

Hauptsächliche Verdauung:
Zuerst im Mund (durch den Speichel), dann im Magen.

Kohlenhydrate wurden in den letzten Jahren von der Keto-Bewegung und davor von der Atkins-Diät verteufelt, und ihr Ruf ist immer noch schlecht. Sie sind aber die Hauptenergiequelle des Körpers, und sie sind unerlässlich für eine gesunde Hirnfunktion. Sie haben Einfluss auf unsere Aufmerksamkeit und Konzentration. Gute Quellen sind stärkehaltiges Gemüse, Naturreis, Vollkornbrot oder Haferflocken. Keine Angst vor Kohlenhydraten!

PROTEINE

Hauptsächliche Verdauung:
Magen.

Proteine sind ein Hauptbestandteil von Muskeln, Knochen, Haut und Haaren. Bei ihrer Verdauung werden mehr Kalorien verbrannt, weil die chemischen Bindungen schwer zu knacken sind. Zudem fördern sie die Ausschüttung von zwei Hormonen, die satt machen, und sie reduzieren die Ausschüttung des Hunger-Hormons. Doppelt gemoppelt! Gute Quellen sind Fleisch, Hafer, Meeresfrüchte, Tofu, Nüsse, Proteinpulver (ganz genau!) und Hülsenfrüchte.

FETTE

Hauptsächliche Verdauung:
Dünndarm.

Fette werden benötigt, um den Hormonhaushalt zu regulieren und den Körper gegen Kälte zu isolieren. Außerdem sind sie wichtig für Haut und Haare und viele andere Dinge. Obwohl Low-Fat-Anhänger es anders sehen, machen Fette nicht grundsätzlich „fett". Sie sind notwendig, damit der Körper bestimmte Vitamine aufnehmen kann, und sie machen satt. Gute natürliche Quellen sind fetter Fisch, Avocados, Olivenöl, Nüsse und Samen.

Perfekt aufgebaute Mahlzeiten

Jetzt weißt du, WARUM ausgewogene Mahlzeiten wichtig sind.
Und so werden sie zusammengestellt.

1
WÄHLE EINE FRISCHE GRUNDLAGE
z. B. Salat oder Gemüse

→

2
WÄHLE DIE PROTEINE
Wie wäre es mit Thunfisch, Hühnerfleisch, Eiern oder Tofu?

→

3
DAZU KOMPLEXE KOHLENHYDRATE
Kürbis, (Süß-)Kartoffeln oder Vollkorngetreide sind eine gute Wahl.

4
GESUNDE FETTE
Avocado, Nüsse, Samen

→

5
OBENDRAUF EIN LECKERES DRESSING
(siehe Seite 122–123) oder einfach gutes Olivenöl

→

6
ZULETZT DIE GESCHMACKS-BOMBEN
Ich liebe Kräuter und Chili (weitere Ideen auf Seite 20–23).

= *ausgewogene Mahlzeit*

5
leckeres
DRESSING

2
PROTEINE

3
komplexe
KOHLEN-
HYDRATE

1
frische
GRUNDLAGE

4
gesunde
FETTE

6
dazu
GESCHMACKS-
BOMBEN

Geschmacksbomben

Von diesen Zutaten habe ich immer einen großen Vorrat, um Gerichte aller Art aufzupeppen. Ich nenne sie Geschmacksbomben, weil man nur eine kleine Menge braucht, um ein fades Gericht köstlich zu machen.

	BESCHREIBUNG	ANMERKUNG
Salz	Salz ist eigentlich ein Geschmacksverstärker. Eine Prise genügt, um bitteren Geschmack zu unterdrücken und andere Aromen (süß, sauer, Umami) zu heben. Salz hat einen schlechten Ruf, weil es den Blutdruck erhöhen kann. Wir brauchen es aber für den Elektrolythaushalt.	Rosa Salz ist besonders wertvoll, weil es viele wichtige Mineralstoffe enthält. Ich nasche manchmal eine Prise pur (was aber nicht unbedingt zur Nachahmung empfohlen wird). *Geständnis*
schwarzer Pfeffer	Ich bin kein großer Fan von Pfeffer, habe ihn aber im Haus. Oft genügt eine Prise, um andere Aromen zu intensivieren.	Weil Pfeffer Kalium enthält, kann er die Verdauung anregen und Völlegefühl vorbeugen.
Chili, frisch oder getrocknet	Eine kleine Menge genügt. Selbst wenn du nicht gern scharf isst, kann etwas Chili den Geschmack eines Gerichts enorm aufwerten.	Chili kann den Appetit zügeln und lindernd bei Muskelschmerzen und Krämpfen wirken.
Miso	Die salzige Paste aus fermentierten Sojabohnen gibt allen Gerichten eine köstliche Umami-Note. Man kann sie sogar für süße Speisen verwenden, zum Beispiel für einen Smoothie (siehe Seite 184).	Miso enthält nützliche Bakterien, ähnlich wie Joghurt und Kombucha.
Knoblauch	Eine traditionelle Würzzutat für Dips, Pastasaucen, Wokgerichte und vieles mehr. Knoblauch soll helfen, den Blutdruck zu senken.	Am besten ist er frisch, aber ich verstehe, wenn du ihn gehackt im Glas kaufst oder getrocknet verwendest. Knoblauch hacken macht gar keinen Spaß.

	BESCHREIBUNG	ANMERKUNG
Frühlings-zwiebeln	Die jungen, oft länglichen Zwiebeln sind weiß und haben essbare grüne Halme.	Dünne Ringe schneiden, in einem Schraub-glas in den Kühlschrank stellen und über Salate, Fleisch und Fisch streuen.
Zimt	Bekannt vor allem in süßen Gerichten, aber auch köstlich in herzhaften. Ver-wendet man ihn als Begleiter zu Lebens-mitteln, die viel natürlichen Zucker ent-halten (z. B. Bananen oder Datteln), hilft er, ein schnelles Steigen des Blutzuckers zu verhindern.	Zimt hat von allen Gewürzen den höchs-ten Gehalt an Antioxidantien.
Koriander	Die Blätter mit dem frischen Duft passen zu fast allen herzhaften Gerichten. Man kann sie an Salate geben, mit Avocado pürieren oder über sein Essen streuen. Koriander ist reich an Antioxidantien und regt die Verdauung an.	Ich habe im Fernsehen gehört, dass Ko-riander für manche Menschen scheuß-lich schmeckt, und zwar aus genetischen Gründen. Daran habe ich Zweifel. Früher habe ich ihn aus jedem Gericht heraus-gepickt, heute finde ich ihn köstlich.
Zitrusfrüchte	Zitronen, Limetten, Orangen und Grapefruits geben Salatdressings eine angenehm fruchtige Säure.	Sie alle enthalten viel Vitamin C, das wir für ein fittes Immunsystem und für schöne Haut brauchen.
Paprikapulver	Wird aus getrockneten Paprikaschoten hergestellt.	Das Pulver gibt es in verschiedenen Varianten: edelsüß, rosenscharf und ge-räuchert. Alle schmecken schön erdig.
Sriracha	Eine scharfe Würzsauce, ursprünglich aus Thailand. Normalerweise enthält sie wenig zugesetzten Zucker (schau vor-sichtshalber im Kleingedruckten nach).	Gibt Dressings, Fleisch und anderen Ge-richten eine pikante Schärfe.
Kapern	Bei den kleinen Kugeln handelt es sich um unreife Blütenknospen, die getrock-net oder in Lake eingelegt werden.	Der zitronig-salzige Geschmack passt zu vielen herzhaften Gerichten, aber vor allem zu Fisch, Pasta und Saucen.

Tolles Zeug!

Clever Zeit sparen

Eines meiner wichtigsten Anliegen ist Effizienz. In der besten aller Welten haben wir alle genug Zeit, um Nussdrinks, Salatdressings und Fischfond selbst zuzubereiten. Aber die Wirklichkeit sieht doch ganz anders aus, denn man bräuchte für die Zubereitung der Mahlzeiten schon den ganzen Tag. Tricks und Abkürzungen sind also erlaubt. Hier sind meine Favoriten.

Getreide	Beutel mit Reis oder Quinoa für die Mikrowelle sind wirklich praktisch, wenn man in Eile ist.
Nussdrink	Gibt es in vielen Variationen fertig zu kaufen. Produkte, denen Carrageen, Öle oder Zucker zugesetzt ist, solltest du meiden.
Gewürz-mischungen	Sind in jedem Supermarkt zu haben. Schau dir die Zutatenliste an, denn leider ist bei vielen Zucker zugesetzt.
Saucen und Dressings	Wer keine Dressings anrühren will, darf es sich gern leicht machen. Jeder hat genug Energie, um eine Spalte Zitrone oder Limette auszupressen – eine gute Alternative zu einem Dressing mit vielen Zutaten. Du kannst deinen Salat auch einfach nur mit etwas Avocado- oder Olivenöl beträufeln.
Studentenfutter	Es gibt wirklich keinen Grund, es selbst zu mischen. Aber Augen auf: In manchen verstecken sich zugesetzte Fette oder Zucker.

vorgeschnittene Gemüsenudeln

Wer nicht auf den Trend aufgesprungen ist und sich im Internet einen billigen Spiralschneider bestellt hat, kann gern vorgeschnittenes Gemüse kaufen. Dasselbe gilt, wenn du dir einen billigen Spiralschneider angeschafft und nachher festgestellt hast, dass er nichts taugt. Das kennen wir doch alle.

Küchenfertige Gemüsewürfel (wie Kürbis) oder Brokkoliröschen können eine praktische Sache sein. Aber wer nicht die Zeit hat, ein bisschen Gemüse zu schnippeln, hat wahrscheinlich auch nicht die Zeit, dieses Buch zu lesen.

Brühe

Ganz ehrlich: Ich schaffe es nie, Brühe selbst zu kochen oder auch nur daran zu denken, Kochflüssigkeit aufzufangen. Für Notfälle habe ich ein Glas mit fertigem Fond im Schrank. Brühwürfel tun es auch, selbst wenn du jetzt die Nase rümpfst. Sinnvoll ist aber, auf den Salzgehalt zu achten. Manche sind sehr salzig.

tiefgefrorene gegarte Garnelen

Davon habe ich immer einen großzügigen Vorrat im Gefrierfach. Eine Handvoll ist in zehn Minuten aufgetaut, wenn man sie in ein Sieb legt und lauwarmes Wasser darüberlaufen lässt. Wenn ich ganz faul bin, sind sie meine liebste Proteinzutat. Tipps, womit du sie kombinieren kannst, findest du auf Seite 174.

Gemüse-„Reis"

Fein gehacktes Gemüse wie Brokkoli oder Blumenkohl ist eine gute Alternative zu Reis: kohlenhydratarm und vitaminreich. Du hast keinen Mixer? Du magst kein Gemüse waschen? Verständlich. Dann spare dir die zehn Minuten und kaufe fertig zerkleinertes Gemüse.

Ehrenrettung für die Mikrowelle

Glaubst du, dass die Mikrowelle Lebensmitteln schadet? Die Technik funktioniert so: Wellen versetzen die Moleküle in den Lebensmitteln in Bewegung. Dadurch entsteht thermische Energie, also Hitze. Tatsächlich vertragen Vitamin C und einige andere wasserlösliche Nährstoffe Hitze nicht gut. Doch beim Kochen und bei anderen Garmethoden sind sie der Hitze länger ausgesetzt als in der Mikrowelle. Das bedeutet, dass das Garen in der Mikrowelle für Vitamin C und andere wasserlösliche Nährstoffe sogar schonender ist. Wer hätte das gedacht!

Meine Lieblingssnacks

Snacks müssen unkompliziert sein. Je einfacher (ohne großes Gedöns), desto wahrscheinlicher trifft man eine gute Wahl. Grund genug, von diesen leckeren Kleinigkeiten immer einen Vorrat im Kühlschrank zu haben.

gekochte Eier
(siehe Seite 44)

Ein gesunder Snack, den man gut mitnehmen kann. Man nennt sie auch das „Multivitamin der Natur". Koch ruhig ein Dutzend für die ganze Woche. Du kannst sie klein geschnitten auf Salate geben oder einfach so essen. Salz nicht vergessen!

Heidelbeeren + Himbeeren

Beeren sind ein toller Snack bei Heißhunger auf Süßes. Auch Erdbeeren liebe ich, aber besonders gern mag ich Früchte, die ich einfach in den Mund stecken kann, ohne zu schnippeln oder mir das Shirt zu bekleckern (wofür ich ein ausgesprochenes Talent habe).

Hummus + Gemüse
(siehe Seite 86–87)

Wenn dein Kühlschrank eine Art Salatbar ist (dazu kommen wir noch), kannst du dir einfach eine Handvoll frisches Gemüse schnappen und in Hummus dippen. Hummus enthält viele Ballaststoffe, die deinen Verdauungsapparat eine Weile beschäftigen. Darum sättigt er so gut.

proteinreicher Joghurt
(siehe Seite 144–145)

Oder kurz Proghurt. Gehört bei mir zum Standardrepertoire, weil er stundenlang sättigt und hilft, Heißhunger auf Süßes zu vermeiden. Wer Milchprodukte schlecht verträgt, sollte es mit laktosefreiem Joghurt oder Kokosjoghurt versuchen. Du kannst aus einem großen Becher Portionen vorbereiten oder bei Bedarf einfach frisch anrühren: 180 g Joghurt und 1 Messlöffel (ca. 25 g) Proteinpulver. Ich empfehle ein möglichst wenig verarbeitetes Pulver mit natürlicher Süße.

Energiekugeln
(siehe Seite 146)

Ein gesundes Mittel gegen Süßgelüste sind Energiekugeln, die man auch gut mitnehmen kann. Ich bereite sie selbst zu und friere sie ein, denn fertig gekaufte enthalten oft Konservierungs- und Aromastoffe.

Nüsse

Nimm 30 g Nüsse deiner Lieblingssorte (oder Nussmus), und fertig ist ein nährstoffreicher, köstlicher Snack.

Aus dem Supermarkt

Manchmal ist man schlecht organisiert. Du kommst bei der Arbeit an und stellst fest, dass du das Mittagessen zu Hause vergessen hast. Das ist kein Grund, den nächsten Schnellimbiss anzusteuern. Im Supermarkt bekommst du jede Menge praktische und gesunde Kleinigkeiten für die Mittagspause.

Proteinriegel oder -kugeln

Achte auf zuckerarme Produkte mit einer möglichst kurzen Zutatenliste. Viele enthalten Datteln, also viel Zucker. Nicht zu oft essen, denn bei manchen handelt es sich um gut getarnte Schokoriegel.

Nüsse

Am besten kaufst du ungeröstete Nüsse. Auf der Zutatenliste sollte nichts stehen außer den Nüssen und vielleicht einer Prise Salz.

hart gekochte Eier

In vielen Supermärkten kann man hart gekochte Eier kaufen – eine gesunde Dosis Fett und Proteine. Man kann sie auch im Wasserkocher garen, aber danach schmeckt der Tee der Kollegen möglicherweise nach Ei. Wie Eierkochen richtig geht, steht auf Seite 44.

Naturjoghurt nach griechischer Art

Bitte ohne Früchte und zugesetzten Zucker. Rühre lieber selbst frische Beeren und – falls es sein muss – ein Tütchen Stevia aus dem Café hinein. Und noch ein Geständnis: Wenn ich in einem Café Stevia in Portionstütchen finde, stecke ich mir manchmal klammheimlich ein paar in die Tasche.

Beeren

Immer gut: solo, mit Joghurt oder Haferflocken. Denk daran, sie gründlich zu waschen, denn meistens sind sie gespritzt.

Brathähnchen

Ein Brathähnchen ist nicht zu verachten. Die Haut esse ich nicht mit, weil ich ihre Konsistenz nicht mag.

Thunfisch in der Dose

Achte darauf, geangelten Fisch zu kaufen. Ich bevorzuge Thunfisch in Wasser oder im eigenen Saft und träufle selbst etwas gutes Olivenöl darauf. So habe ich die Fettmenge im Blick.

Jerky (Dörrfleisch)

Auf der Zutatenliste sollten nur Fleisch und Gewürze stehen – möglichst kein Zucker. Ich verteufle Zucker nicht, aber in Fertigprodukten versteckt sich oft viel davon.

schnittfester Tofu

Eine gute Proteinquelle, und meist mit relativ wenig Zusatzstoffen. Seidentofu ist keine gute Wahl fürs Büro: Kleckergefahr!

Hummus + Karotten- / Selleriestifte

In Stifte geschnittenes Gemüse kann man in vielen Supermärkten kaufen. Dazu ein Becher Hummus, fertig! Achte beim Hummus darauf, dass er Olivenöl oder kein Öl enthält. Manche Produkte werden mit weniger gesunden Ölen zubereitet.

Salat im Beutel

Nimm gewaschenen, essfertigen Salat. Wenn du deinen Job behalten willst, kommt es nicht gut, nasse Salatblätter im Büro zu schleudern.

Instant-Porridge im Portionsbeutel

Ist keine Mikrowelle da, kannst du die Flocken mit etwas kochendem Wasser in einer Tasse anrühren. Kaufe am besten die neutrale Sorte. Aromatisierte Mischungen enthalten oft Stoffe, die du nicht brauchst. Rühre Beeren einfach selbst unter.

Ich streue gern eine Prise Stevia und Zimt darauf.

Tipp

Wer öfter Fertigprodukte kauft, sollte lernen, das Kleingedruckte zu lesen und unerfreuliche Zutaten zu erkennen. Die üblichen Verdächtigen sind ungesunde Fette, Verdickungsmittel, Zusatzstoffe, E-Stoffe, Aromastoffe und die zahlreichen Zuckerersatzstoffe, die kommerzielle Hersteller gern einsetzen, um die Produktionskosten gering zu halten und den Suchtfaktor ihrer Waren zu erhöhen. Die Reihenfolge der Zutaten auf der Liste gibt Auskunft über den Anteil im Produkt.

Der Kühlschrank als Salatbar

So eine Salatbar ist eine feine Sache: Jede Menge Behälter mit vorgeschnittenen Zutaten, aus denen man sich seinen Lieblingssalat selbst zusammenstellen kann. Das geht auch zu Hause, wenn man seinen Kühlschrank mit System bestückt.

Der Küchenalltag ist viel unkomplizierter, wenn alles fix und fertig geschnitten griffbereit liegt. Es ist dann einfacher, gesund zu essen und Mahlzeiten zusammenzustellen. Man hat die Lebensmittel gut im Blick, sodass nur selten etwas verdirbt. Und man muss nicht jeden Tag Schneidebrett und Messer zur Hand nehmen, sondern nur einmal in der Woche. Das macht eine Menge aus. Und so gehst du am besten vor, wenn dein Kühlschrank zu einer appetitlichen Salatbar werden soll:

1 Kühlschrank ausmisten

Geh am besten jetzt gleich an den Kühlschrank (vorausgesetzt, du bist zu Hause). Sortiere fauliges Obst und Gemüse, abgelaufene Saucen, fragwürdige Milchprodukte und alles, was du sowieso nicht essen wirst, aus.

2 Sinnvoll einkaufen

Besorge die Obst- und Gemüsesorten, die du gern isst, und zwar nur so viel, wie du in den nächsten fünf Tagen essen wirst – es sei denn, man kann es einfrieren. Stöbere in den Rezepten in diesem Buch. Schau, was du hast und was du vielleicht noch brauchst.

3 Vorbereiten

Gleich nach dem Einkauf wird vorbereitet. Warum erst alles in den Kühlschrank stopfen und später wieder herausholen? Hole ein Schneidebrett und dein Lieblings-Küchenmesser aus dem Schrank, und wenn du hast, auch den Spiralschneider.

Stelle außerdem einige Vorratsbehälter auf die Arbeitsfläche.

4 Schnippeln

* Tomaten halbieren
* Körner von Maiskolben ablösen
* Zwiebeln hacken
* Karotten in Stifte schneiden
* Sellerie waschen und in fingerlange Stücke schneiden
* Zucchininudeln mit dem Spiralschneider schneiden
* Kräuter in feuchtes Küchenpapier wickeln

Und so weiter. Das Prinzip dürfte klar sein.

Extras: Während du schneidest, kannst du auf dem Herd Hähnchenbrust (siehe Seite 50–51) und Getreide (siehe Seite 88–89) garen. Wenn du genug Platz hast, könntest du parallel ein Blech Ofengemüse (siehe Seite 102–103) vorbereiten.

5 Verstauen

Packe die leckeren Sachen in Behälter, dann ab in den Kühlschrank. Noch Platz für Dressings? Dafür ist jetzt der richtige Moment. Einfach alle Zutaten in ein Schraubglas geben (siehe Seite 122–123), zuschrauben, schütteln und im Fach der Kühlschranktür verstauen. Fertig ist die Salatbar.

Hunger? Wenn Kirschtomaten oder Radieschen und Hummus mundgerecht parat liegen, besteht wenig Gefahr, zu etwas Ungesundem zu greifen.

Zeitspar-Tipp

Obst und Gemüse nur gründlich waschen, aber nicht schälen! Die Schalen sind schön knackig und reich an Ballaststoffen. Das gilt natürlich nicht für Bananen ...

Auf Eis gelegt

Im Gefrierschrank werden teilweise vorbereitete Zutaten und übrig gebliebene Mahlzeiten aufbewahrt. Suppen, Eintöpfe und Pastasaucen frierst du am besten in Portionsbehältern ein, um sie während der Woche schnell auftauen zu können. Im zweiten Kapitel findest du Rezepte für Gerichte, die in größeren Mengen gekocht und auf Vorrat eingefroren werden. Die folgenden Dinge sind in meinem Tiefkühler immer zu finden:

Käse

Ich esse nicht sehr viel Käse, aber größere Stücke sind oft preiswerter. Also friere ich die Hälfte oder Reste ein, um nichts wegwerfen zu müssen. Käse kann etwa zwei Monate lang eingefroren werden. Danach ist er oft etwas bröselig, schmeckt aber immer noch gut. Tipp: Käse vor dem Einfrieren reiben, dann taut er schneller auf.

Sahne

Auch Sahne verwende ich nur in kleinen Mengen. Was übrig bleibt, wird in Eiswürfelformen oder kleinen Behältern eingefroren. Saure Sahne eignet sich allerdings nicht zum Einfrieren, darum sollte sie zügig verbraucht werden.

Nüsse und Samen

Sie haben einen hohen Fettgehalt, halten sich im Gefrierfach aber durchaus ein Jahr oder mehr. Das Beste ist, dass man sie nicht einmal auftauen muss. Gefroren sind sie etwas knackiger, aber das tut ihnen keinen Abbruch – im Gegenteil.

Gefrorenes Gemüse

Wenn du auf dem Heimweg vergessen hast, Gemüse einzukaufen, ist Tiefkühlgemüse die Rettung. Am besten hast du immer ein paar Beutel Erbsen, Bohnen, Maiskörner, Brokkoli und Blumenkohl für den Notfall auf Eis. Wer möchte, kann natürlich auch selbst frisches Gemüse klein schneiden,

blanchieren und in luftdicht schließenden Behältern einfrieren.

Gefrorene Beeren

Beeren enthalten viele wertvolle Nährstoffe. Wer selbst Beeren erntet, kann den Überschuss während der Saison einfrieren. Perfekt für Crumbles, Smoothies und Kuchen oder einfach in Naturjoghurt als kühle Zwischenmahlzeit an heißen Sommertagen.

Paleo-Brot (siehe Seite 90–91)

Reste schneide ich in Scheiben und friere sie ein, um jederzeit eine gesunde Mahlzeit aus dem Hut zaubern zu können. Gefrorene Scheiben lassen sich blitzschnell im Toaster auftauen und schmecken wie frisch.

Hühner-Hackbraten in Scheiben
(siehe Seite 52–53)

Kurz toasten und mit einer Avocadocreme servieren oder würfeln und in einen Salat geben.

Dies und das in Eiswürfelformen

Reste von Saucen, Hummus, selbst gemachtem Pesto, Zitronensaft oder gehackten Kräutern (mit etwas Olivenöl) friere ich in Eiswürfelformen ein. Man kann sie einwickeln, damit sich die Aromen nicht übertragen, oder Formen mit Deckel verwenden.

Ingwer

Ingwerstücke kannst du in einer Gefrierbox oder einem wiederverschließbaren Beutel einfrieren. Sie müssen vor der Verwendung nicht aufgetaut werden: einfach gefroren in den Tee oder den Wok reiben.

Gehackte Zwiebeln und Knoblauch

Bevor mir Zwiebeln oder Knoblauch schlecht werden, friere ich sie ein. Man kann sie für viele Gerichte gebrauchen und muss sie vor der Verwendung nicht auftauen.

Smoothie-Mix (siehe Seite 82–83)

Eine neue und sehr gute Idee! Wenn du Obst und Gemüse hast, das nicht mehr taufrisch aussieht, schneide es klein und stecke es in einen wiederverschließbaren Gefrierbeutel. Ich habe davon drei oder vier im Gefrierschrank. Je nach Situation lege ich neues Obst oder Gemüse hinein oder nehme heraus, was ich gerade brauche.

Gegartes Getreide

Garen, abkühlen lassen und in einem luftdicht schließenden Behälter einfrieren. Kurz vor dem Essen in einer Schüssel in der Mikrowelle auftauen oder mit etwas Wasser in einem Topf auf dem Herd erhitzen.

Tipps zum Einfrieren

Im Gefrierschrank herrscht nicht überall dieselbe Temperatur. Flüssigkeiten wie Smoothies und Suppen solltest du in den kältesten Bereich legen – normalerweise die unterste Schublade – damit sie möglichst schnell gefrieren. Dadurch wird verhindert, dass sich große Eiskristalle bilden, die nach dem Auftauen für eine unangenehme Konsistenz sorgen.

Denk daran, dass sich die Lebensmittel beim Gefrieren ausdehnen. Gefrierbehälter dürfen nicht bis an den Rand gefüllt werden, sonst können sie platzen.

Vorratsbehälter

Vor allen Dingen empfehle ich, vorhandene Behälter zu benutzen und nur neue zu kaufen, wenn es notwendig ist. Du solltest möglichst verschiedene Größen dahaben. Stapelbare Behälter lassen sich besonders gut verstauen.

Ich habe viele Behälter zum Aufbewahren von vorbereiteten Zutaten und Resten ausprobiert. Manche waren unpraktisch, weil sie sich schlecht stapeln ließen oder weil der Inhalt nicht gut frisch blieb. Also haben sie eine andere Verwendung gefunden. Mittlerweile habe ich meine Favoriten, und sie sind – quasi im Rotationsprinzip – ständig im Einsatz.

Glas oder Plastik?

Glasbehälter sind ideal, um Lebensmittel knusprig zu halten. Plätzchen beispielsweise werden in Glasgefäßen nicht so schnell weich. Sie lassen sich oft leichter reinigen als Plastikboxen, und sie verfärben sich nicht. In manchen kann man vorgekochte Speisen sogar aufwärmen.

Plastikbehälter andererseits sind leichter und oft gut zu stapeln. Schaff dir am besten Boxen an, die für Spülmaschine und Mikrowelle geeignet sind und kein gesundheitsschädliches BPA (Bisphenol A) enthalten. Ich persönlich bevorzuge Glasbehälter. Für alle, die ihr Mittagessen mit zur Arbeit nehmen, spielt aber das Gewicht eine Rolle, vor allem, wenn sie nicht mit dem Auto fahren. In diesem Fall sind leichte Plastikbehälter angenehmer.

In meinem Bestand gibt es auch einige Extras. Bienenwachstücher sind praktisch, um Kleinigkeiten einzuwickeln, und mit einem Gummiband können sie einen fehlenden Deckel ersetzen. Baumwollbeutel eignen sich gut, um loses Obst und Gemüse aufzubewahren – Äpfel, Zitronen, Paprika usw. Beide sind wiederverwendbar und umweltfreundlich.

Dichtigkeit

Ob Glas oder Plastik: Die Behälter müssen zuverlässig schließen. Niemand möchte, dass Dressing in der Handtasche ausläuft. (Der Hersteller meines schönen rosa Portemonnaies konnte mir NICHT sagen, wie man Sojasaucenflecken von Leder entfernt, verflixt!) Wer so ungeschickt ist wie ich, sollte sich absolut dicht schließende Behälter und einen wiederverwendbaren Beutel anschaffen.

Haltbarkeit

Billige Behälter aus dünnem Plastik (in denen man beispielsweise fertige Salate kauft), taugen für den Kühlschrank, aber nicht für unterwegs. Wenn du dein Essen mitnimmst, brauchst du etwas Stabiles. Gute Behälter halten lange, und damit zahlt sich auch der Anschaffungspreis auf lange Sicht aus.

Größe

Wenn du Behälter in vielen Größen hast, kannst du wirklich alles aufbewahren, von ein paar Esslöffeln übrig gebliebener Sauce bis zu einer großen Menge Gemüse für eine ganze Mahlzeit.

Recycling

Da hat Glas die Nase vorn. Wenn demnächst ein Glas Oliven oder Honig leer wird, wasche es gut aus und benutze es, um Snacks, Saucen, Smoothies, Reste von Brühe und noch viel mehr aufzubewahren. 500-Gramm-Joghurtgläser eignen sich hervorragend, um Overnight Oats (Seite 80) und Proghurt (Seite 26) vorzubereiten und aufzubewahren. Gläser sind haltbar und KOSTEN NICHTS. Wer gebrauchte Gläser verwendet, spart also Geld und schont die Umwelt. Wichtig ist nur, dass sie absolut unbeschädigt sind.

Tipp

Stapelbare Behälter sparen Platz und letztlich auch Zeit.

Küchenausstattung

Um deine Mahlzeiten vorzubereiten, brauchst du nicht jeden Küchen-Schnickschnack. Die wichtigsten Dinge hast du wahrscheinlich ohnehin im Haus. Andererseits ist natürlich eine gut ausgestattete Küche enorm praktisch und kann helfen, Zeit zu sparen.

Backpapier und Alufolie

Sie verhindern, dass Speisen an Formen und Blechen ankleben. Das wiederum spart Zeit beim Abwasch.

Backbleche

Ich besitze drei Stück, weil ich im Umluftofen oft verschiedene Dinge gleichzeitig gare.

Kochmesser

Hervorragend für hartes Gemüse wie Kürbis, rohe Rote Bete und (Süß-)Kartoffeln.

Schneidebrett

Meins ist sehr groß, damit ich darauf größere Mengen Zutaten schneiden und aufhäufen kann. Das ist zum Beispiel praktisch, wenn man verschiedene Salatzutaten für den Kühlschrank vorbereitet.

Reibe (oder Küchenmaschine mit Scheiben)

Zum Raspeln von Karotten, Käse und Zucchini. Schneidet allerdings keine Gemüsenudeln.

Eiswürfelschalen

Zum Einfrieren von püriertem Gemüse, Dressingresten, Smoothies usw.

Küchenschere

Eine robuste Schere schneidet viele Dinge – von Hähnchenbrust bis zu Kräutern.

Kastenform

Besonders praktisch sind Formen aus Silikon, weil sie nicht mit Backpapier ausgelegt werden müssen. Eine andere beschichtete Form geht natürlich genauso gut.

Messbecher

Zum Abmessen von Flüssigkeiten, auch praktisch zum Zubereiten und Aufbewahren von Saucen.

Rührschüsseln

Schaff dir am besten eine mittelgroße und eine große an. Dann kannst du mehrere Dinge gleichzeitig vorbereiten.

Wellenschliffmesser

Schneidet weiches Obst und Gemüse wie Erdbeeren oder Tomaten
sauber durch, ohne zu quetschen.

Silikon-Teigschaber

Zum Mischen, Verstreichen und notfalls
sogar als Ersatz für einen Pfannenwender.
Ein wirklich vielseitiges Werkzeug!

Spiralschneider

In verschiedenen Ausführungen und Preislagen
in gut sortierten Haushaltswarengeschäften zu
bekommen. Investiere in ein gutes Modell – es
lohnt sich!

Zange

Zum Greifen und Wenden von Lebensmitteln.

Kleines Küchenmesser

Gut, um kleine Zutaten wie Knoblauch, Ingwer
und Chili zu hacken.

Schneebesen

Zum Mischen und Luftig-Aufschlagen von
Zutaten.

Zestenreißer

Sehr praktisch, wenn du gern herzhafte und süße
Speisen mit Zitrusschalen würzt. Ersatzweise
kannst du eine feine Reibe verwenden
oder es mit einem Messer versuchen.

Schritt 1

PROTEINE RICHTIG VORBE-REITEN

Gebeizter Lachs

Für 10 Portionen | **Vorbereitungszeit** 30 Minuten

Dieses Rezept macht einen festlichen Eindruck, ist aber ganz einfach zuzubereiten und lässt sich gut einfrieren. Ich esse dazu gern Hafercracker mit Körnern (siehe Seite 96) und Ziegenfrischkäse.

240 g Steinsalz
1 Bund Dill, grob gehackt
abgeriebene Schale von
  2 Bio-Zitronen

1 kg frisches Lachsfilet oder
  4 Portionsstücke Lachsfilet
  ohne Haut

1 In einer Schüssel Salz, Dill und Zitronenschale mischen.

2 Auf dem Boden einer Glas- oder Keramikform die Hälfte der Mischung verteilen. Den Lachs darauflegen.

3 Den Lachs mit der restlichen Salzmischung bestreuen und abgedeckt 24 Stunden in den Kühlschrank stellen. Nach 12 Stunden wenden.

4 Den Lachs aus der Form nehmen, Salzmischung abwaschen, dann mit Küchenpapier trocken tupfen.

5 Kurz vor dem Servieren den Lachs aufschneiden. Dazu ein scharfes Messer im Winkel von 45 Grad ansetzen und den Fisch quer zur Faser in möglichst dünne Scheiben schneiden.

Aufbewahren

Mit Salz gebeizter Lachs hält sich abgedeckt im Kühlschrank bis zu 12 Tage. Ganze Stücke können 2 Monate eingefroren werden. Vor dem Aufschneiden auftauen.

Lachsfilet aus dem Ofen

Für 4 Portionen | **Vorbereitungszeit** 5 Minuten

Lachs schmeckt köstlich und ist einfach zuzubereiten – perfekt nach einem langen Arbeitstag. Und bei dieser simplen Garmethode kann wirklich nichts schiefgehen.

1 Den Backofen auf 180 °C vorheizen.

2 Den Lachs mit Küchenpapier trocken tupfen, dann mit Olivenöl einreiben.

3 Den Lachs mit der Haut nach unten in eine ofenfeste Form legen und in den Ofen schieben.

4 Die Garzeit für Lachs beträgt 4–5 Minuten pro 1,25 cm Dicke. Da die meisten Filets an der dicksten Stelle etwa 2,5 cm haben, kannst du nach ca. 8 Minuten testen, ob sie gar sind. Das erkennst du daran, dass sich das Fleisch mit einer Gabel (ohne Zuhilfenahme eines Messers) leicht zerpflücken lässt.

5 Die Lachsfilets mit Meersalzflocken, Pfeffer und nach Belieben etwas Dill oder Basilikum bestreut servieren.

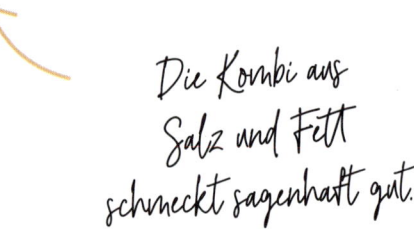

Die Kombi aus Salz und Fett schmeckt sagenhaft gut.

4 Portionen Lachsfilet mit Haut
2 EL Olivenöl
2 TL Meersalzflocken
frisch gemahlener schwarzer Pfeffer
Dillspitzen und/oder Basilikumblätter zum Servieren (nach Belieben)

Aufbewahren

Reste halten sich im Kühlschrank bis zu 5 Tage. Man kann sie vorsichtig aufwärmen oder kalt essen.

Tipp

Ich empfehle dringend, den Lachs nur medium zu garen. Meine Mutter hielt das jahrelang für undenkbar, aber sie wusste auch nicht, dass man hochwertigen Lachs sogar roh essen kann. Mir schmeckt es großartig, wenn der Fisch in der Mitte noch rosa, weich und saftig ist.

Teriyaki-Glasur ohne Zucker

3 EL Sojasauce oder Tamari + 2 TL Sesamöl +
1 TL frisch geriebener Ingwer + 1 EL Dijon-Senf
+ 10 Tropfen Stevia verrühren. Den Lachs vor
dem Garen im Ofen damit bestreichen und mit
1 EL Sesamsaat bestreuen.

Eier vorbereiten – so geht's

Eier sind kleine Proteinbomben und enthalten viele andere wichtige Nährstoffe. Man kann sie auf Vorrat kochen, im Kühlschrank aufbewahren und sich bei Bedarf einfach eins schnappen. Perfekt!

Kochen

Wenn es ums Eierkochen geht, hat jeder so seine Gewohnheiten. Manche setzen kaltes Wasser auf, aber ich versuche immer, den schnellsten Weg zu finden. Das Eiweiß mag ich fest, aber der Dotter darf noch schön weich sein. Auf keinen Fall möchte ich in ein Ei beißen und mich dabei mit Eigelb bekleckern (was mir tatsächlich schon passiert ist). Darum koche ich Eier so, dass der Dotter weich, aber nicht mehr flüssig ist.

Wasser in einen Topf füllen und aufkochen. Auf mittlere Hitze herunterschalten, die Eier hineinlegen (vorsichtig, damit sie nicht platzen) und sofort die Eieruhr auf 6 Minuten stellen. Nach der Kochzeit heißes Wasser abgießen und einige Minuten lang kaltes Wasser über die Eier laufen lassen, um den Garvorgang abzubrechen. Ganz abkühlen lassen und in einer Schüssel (oder im Eierkarton) im Kühlschrank aufbewahren. Sicherheitshalber den Karton mit „gekocht" beschriften.

4 Minuten – sehr flüssig
6 Minuten – weich
8 Minuten – halbfest
10 Minuten – hart gekocht

Gut für Scheiben oder zum Hacken

4 Min.   6 Min.   8 Min.   10 Min.

Tipp

Sehr frische Eier lassen sich schlecht pellen. Zum Kochen eignen sich etwas ältere besser. Mit Schale halten sie sich länger, darum erst unmittelbar vor dem Essen pellen.

Pochieren

Ein sehr frisches Ei in ein feines Sieb schlagen und leicht schwenken, damit wässriges Eiweiß abtropft. Dieses dann wegwerfen. Dann das Ei in eine Schüssel geben. So wird verhindert, dass das Eiweiß im Kochwasser Schaum bildet. Für einen mittelgroßen Topf fünf weitere Eier vorbereiten. Für einen kleinen Topf weniger Eier nehmen.

Lass die Eier langsam in leicht kochendes Wasser gleiten – am besten einzeln. Aber keine Sorge, solange die Eigelbe unversehrt sind, kleben sie normalerweise nicht zusammen. Nach etwa 15 Sekunden vorsichtig umrühren, um die Eier im Wasser zu verteilen. Nach 3–4 Minuten ist das Eiweiß fest, das Eigelb aber noch weich. Einzeln mit einem Schaumlöffel aus dem Topf nehmen und in einen Behälter mit kaltem Wasser und einigen Eiswürfeln geben, um den Garvorgang abzubrechen.

Um die Eier aufzuwärmen, ohne sie dabei weiter zu garen, vorsichtig in eine Schüssel mit heißem (nicht kochendem) Wasser legen. Zwei Minuten darin liegen lassen, dann mit einem Schaumlöffel herausnehmen und servieren.

Ein 1-Liter-Glas hat die richtige Größe für ein Dutzend Eier.

Einlegen

Zugegeben, bei eingelegten Eiern denkt man an die großen Gläser, die in manchen altmodischen Kneipen auf dem
Tresen stehen. Aber sie schmecken großartig und halten sich
bemerkenswert lange – also genau richtig für alle, die auf
clevere Vorratshaltung stehen.

Je mehr Eier du in einem Arbeitsgang einlegst, desto weniger
Zeit brauchst du später fürs Eierkochen. Es darf ruhig ein
Dutzend sein, wenn du ein passendes Glas hast.

Zuerst die Eier mit Schale hart kochen, also 10 Minuten. Dann
ganz abkühlen lassen, anschließend pellen.

Alle anderen Zutaten mit 200 ml Wasser in einem Topf bei
mittlerer Hitze zum Kochen bringen, dann bei schwacher
Hitze 5 Minuten köcheln lassen.

Den Topf vom Herd nehmen und den Essigsud leicht abkühlen lassen. Die Eier in ein sterilisiertes Glas legen und so
viel Sud zugießen, bis die Eier ganz bedeckt sind. Vollständig
erkalten lassen, dann erst den Deckel zuschrauben. Die Eier
halten sich im Kühlschrank bis zu 4 Monaten.

Man kann die Eier schon nach einigen Tagen probieren, aber
nach ein bis zwei Wochen schmecken sie besser.

Zutaten

12 Eier
½ TL Senfkörner
375 ml weißer Essig oder
  Apfelessig
2 TL Meersalz
2 Stängel frischer Estragon
1 Knoblauchzehe, geviertelt

Magst du Knoblauch?
Dann nimm ein paar
Zehen mehr!

Aufbewahren

Die Eier halten sich
im Kühlschrank
3-4 Monate.

Dreierlei Hähnchen vom Blech

Für 6 Portionen | **Vorbereitungszeit** 10 Minuten

Es ist nicht sonderlich abwechslungsreich, wenn alle paar Tage Hähnchen oder anderes mageres Fleisch auf den Tisch kommt – es sei denn, man setzt auf Multitasking und verwendet in einem Arbeitsgang drei grundverschiedene Würzmischungen. Stege in der Alufolie machen's möglich! Nimm deine Lieblingsgewürze oder probiere meine Mischungen.

3 große Hähnchenbrustfilets
  ohne Haut
2 EL Olivenöl

je 1 TL Salz und frisch
  gemahlener Pfeffer
1 EL von jeder Gewürzmischung
  (siehe nächste Seite)

1 Den Backofen auf 180 °C vorheizen.

2 Mit einer Küchenschere die weißen Sehnen vom Fleisch abschneiden, dann das Fleisch in 2 cm große Würfel schneiden.

3 Ein großes Stück Alufolie auf ein Backblech legen. Die Fleischstücke darauf verteilen. Mit Olivenöl beträufeln, mit Salz und Pfeffer würzen.

4 Das Fleisch in drei gleich große Portionen teilen. Zwei Stege zwischen den Portionen in die Folie falten, um auf dem Blech drei „Abteile" zu erhalten.

5 Jede Fleischportion mit einer anderen Gewürzmischung einreiben. Die Fleischstücke 10–15 Minuten im Ofen garen.

Aufbewahren

Die gegarten Hähnchenstücke können in separaten Behältern etwa 4 Tage lang im Kühlschrank aufbewahrt werden.

Meine 3 Lieblings-Gewürzmischungen

Spicy Barbecue

geräuchertes Paprika-
pulver + Knoblauchpulver +
Zwiebelpulver +
Chilipulver

Ahornsirup-Sesam

1 Esslöffel Ahornsirup +
2 Esslöffel Sesamsaat +
1 Teelöffel Knoblauch-
pulver + 1 Teelöffel
gemahlener Ingwer

Zitrone-Rosmarin

Zitronenschale +
Zitronensaft +
fein gehackte frische
Rosmarinnadeln

Pochierte Hähnchenbrust

Für 4 Portionen | **Vorbereitungszeit** 10 Minuten

Das Pochieren dauert nicht lange, und gerade Geflügel bleibt dabei wunderbar saftig. Die Milch nimmt das Aroma an. Sie kann als Grundlage für eine Suppe verwendet werden (siehe nächste Seite).

750 ml Milch (ich verwende ungesüßten Mandeldrink)
4 Knoblauchzehen oder 2 TL Knoblauchpulver

10 Pfefferkörner
Estragon (nach Belieben)
4 Hähnchenbrustfilets ohne Haut

1   In einem Topf Milch, Knoblauch, Pfefferkörner und Estragon (falls verwendet) bei mittlerer Hitze bis an den Siedepunkt erhitzen.

2   Die Hähnchenbrustfilets in die Flüssigkeit legen und einen Küchenwecker auf 15–20 Minuten (je nach Größe) einstellen.

3   Das Fleisch aus der Flüssigkeit nehmen und beiseitestellen.

4   Das Fleisch abkühlen lassen und in Scheiben schneiden oder mit den Händen in lange Streifen zerpflücken.

Aufbewahren

Das Fleisch hält sich in einem luftdicht schließenden Behälter im Kühlschrank etwa 4 Tage.

Tipp

Das Fleisch kann auch in derselben Menge Brühe oder Wasser pochiert werden. Methode und Garzeit bleiben gleich.

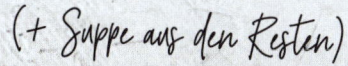

(+ Suppe aus den Resten)

Suppe

Die Pochierflüssigkeit eignet sich gut für eine Suppe. Dazu 2–3 Handvoll nicht mehr ganz taufrisches Gemüse hineingeben (bei mir bleiben oft Sellerie und Lauch liegen), dann 15 Minuten köcheln lassen. Du kannst noch einen Würfel Hühnerbrühe zugeben. Alles glatt pürieren und nach Belieben mit einem guten Klecks Senf abschmecken. Suppe abkühlen lassen und 2–3 Tage im Kühlschrank aufbewahren oder portionsweise einfrieren.

Hühner-Hackbraten

aufschneiden und einfrieren

Für 8 Portionen | **Vorbereitungszeit** 10 Minuten

Schneide den fertigen Hackbraten in Scheiben und friere sie einzeln ein. Bei Zimmertemperatur geht das Auftauen wirklich flott.

1 Den Backofen auf 180 °C vorheizen.

2 Alle Zutaten in eine Schüssel geben und mit den Händen gut vermengen.

3 Die Masse in eine Kastenform (Silikon oder mit Backpapier ausgelegt) füllen, andrücken und im Ofen 40–45 Minuten garen. Anschließend 10 Minuten in der Form abkühlen lassen, dann stürzen und in Scheiben schneiden.

4 Die Masse kann auch in einem Muffinblech gegart werden, dann ist sie gleich fertig portioniert.

500 g Hühner-Hackfleisch
1½ Tassen geraspeltes Gemüse*
4 Eier
3 EL karamellisierte Zwiebeln (siehe Seite 104) oder 1 mittelgroße Zwiebel, gehackt
1½ TL fein gehackter frischer Knoblauch (oder Knoblauchpulver)
1 EL Worcestershiresauce (oder andere Geschmackszutaten, siehe nächste Seite)
½ TL Meersalzflocken
frisch gemahlener schwarzer Pfeffer

* Meine Favoriten: Karotte und Zucchini

Aufbewahren

Zwischen die Bratenscheiben Backpapier legen und so bis zu 1 Monat einfrieren oder bis zu 4 Tage im Kühlschrank aufbewahren.

Geschmacksbomben

Probiere statt Worcester-
shiresauce eine der folgenden Zutaten:

* gehackter Koriander
* 1 Esslöffel Senf
* 1 Esslöffel Chiliflocken
* 1 Esslöffel Misopaste
* 1 Esslöffel Sriracha

Falafel mit Erdnussmus

Ergibt etwa 18 Stück | **Vorbereitungszeit** 20 Minuten

Kichererbsen und Nussmus sind ausgezeichnete pflanzliche Protein-lieferanten. Würze nach Lust und Laune oder probiere einen meiner Vorschläge aus.

1 Den Backofen auf 180 °C vorheizen.

2 Alle Zutaten in einem Mixer zu einer glatten Masse verarbeiten.

3 Bei laufendem Motor Gewürzzutaten nach Wahl (siehe unten) dazugeben.

4 Mit den Händen kleine Kugeln aus der Masse rollen. Falls die Masse zu feucht ist, nach und nach etwas mehr Mandelmehl oder Mehl unterkneten.

5 Ein Backblech mit Backpapier oder einer Silikonmatte belegen. Die Kugeln daraufsetzen und 20 Minuten goldbraun backen.

1 Dose Kichererbsen (400 g), abgetropft
½ Tasse Kürbispüree (siehe Seite 100)
50 g Mandelmehl oder anderes Mehl
1 TL Backpulver
3 EL Erdnussmus
1 EL Zitronensaft

Du kannst auch Mandelmus oder Tahini verwenden – was du gerade im Haus hast.

Aufbewahren

Die Falafel können bis zu 5 Tage im Kühlschrank oder bis zu 2 Wochen im Ge-frierfach aufbewahrt werden.

3 tolle Gewürzmischungen

klassisch	orientalisch	kräuterfrisch
2 Teelöffel Kreuzkümmel	2 Teelöffel Kurkuma	½ Bund frisches Basilikum
+ 1 Teelöffel Piment	+ 1 Teelöffel Garam masala	+ ½ Bund frische Minze
+ 1 Teelöffel Zwiebelpulver	+ 1 Teelöffel Knoblauchpulver	+ 2 Esslöffel Pinienkerne

Blumenkohl-Steaks

Für 4 Portionen | **Vorbereitungszeit** 10 Minuten

Für diese Steaks wird ein Blumenkohl in dicke Scheiben geschnitten. Röschen, die dabei abbrechen, kannst du für Gemüsereis verwenden oder in Smoothie-Beutel stecken (siehe Seite 82–83).

1 Den Backofen auf 180 °C vorheizen.

2 Von den Blumenkohlköpfen die großen äußeren Blätter entfernen (einige kleine dürfen dranbleiben) und den Strunk abschneiden.

3 Jeden Blumenkohl von oben nach unten in vier 2 cm dicke „Steaks" schneiden.

4 Die Steakscheiben auf ein mit Backpapier ausgelegtes Backblech legen, mit Olivenöl beträufeln und wenden, damit beide Seiten mit Öl überzogen werden.

5 Mit Salz, frisch gemahlenem Pfeffer und Gewürzen oder Kräutern nach Geschmack bestreuen.

6 Die Blumenkohlsteaks 25–30 Minuten im Ofen goldbraun backen.

2 kleine Köpfe Blumenkohl
Olivenöl zum Beträufeln
1 EL Kräuter- oder Gewürz-
mischung nach Wahl

 **Zubereitung**

Du kannst gleichzeitig ein Blech mit Ofengemüse zubereiten (siehe Seite 102).

 **Aufbewahren**

Abgedeckt im Kühlschrank bis zu 3 Tage haltbar.

 **Tipp**

Warum nicht Blumenkohl statt Toast zum Frühstück? Belegt mit Avocadoscheiben und einem pochierten Ei (siehe Seite 45) ein schneller, gesunder Start in den Tag.

Lust auf indisch?

Bestreue die Steaks vor dem Backen mit Curry-pulver und Garam masala. Mit Naturjoghurt, einer Handvoll Rosinen und frischem Koriander wird daraus ein vegetarisches Hauptgericht.

Auberginen mit Miso

Für 4 Portionen | **Vorbereitungszeit** 10 Minuten

Wie wäre es mit japanischem Flair für die schnelle Feierabend-
küche? Auberginen sind zwar nicht sonderlich proteinreich, spielen
aber in vielen vegetarischen Gerichten eine Hauptrolle.

2 Auberginen
Olivenöl-Spray
1 EL Misopaste
1½ EL Tamari
1 Stück Ingwer (3 cm), gerieben

2 große Knoblauchzehen,
  fein gehackt
1 TL Kokosblütenzucker
schwarze Sesamsaat zum
  Bestreuen

1 Den Backofen auf 180 °C vorheizen.

2 Die Auberginen mit einem scharfen Messer der Länge nach
halbieren.

3 Die Schnittflächen zuerst in einer Richtung schräg einritzen, dann
in der anderen. So entsteht ein Rautenmuster. Die Auberginen mit
etwas Olivenöl bestreichen oder einsprühen und 20 Minuten im
Ofen garen.

4 Inzwischen für die Glasur Misopaste, Tamari, Ingwer, Knoblauch,
Kokosblütenzucker und 60 ml Wasser in einem kleinen Topf bei
hoher Hitze erhitzen.

5 Die Miso-Mischung dickflüssig einkochen lassen, dann die
Auberginen damit einpinseln. Weitere 5–10 Minuten backen, bis
die Oberfläche gebräunt ist. Aus dem Ofen nehmen, 5 Minuten
abkühlen lassen, dann mit Sesamsaat bestreuen und servieren.

Aufbewahren

Was übrig bleibt, kann
bis zu 3 Tage im Kühl-
schrank aufbewahrt
werden.

Gegrillter Barsch mit Zitrone

Für 4 Portionen | **Vorbereitungszeit** 10 Minuten

Für dieses Rezept kannst du jeden weißfleischigen Fisch verwenden, den der Fischhändler gerade im Angebot hat. Er schmeckt großartig zu einem Salat oder zu Tacos.

1 Den Backofengrill auf hoher Stufe vorheizen.

2 Den Fisch in eine Glasform oder auf ein mit Backpapier belegtes Backblech legen und mit Olivenöl beträufeln.

3 Die Schale der Zitrone abreiben und über den Fisch streuen. Die Zitrone halbieren. Den Saft einer Zitronenhälfte auf den Fisch träufeln, dann mit Knoblauchpulver bestreuen. Die andere Zitronenhälfte in dünne Scheiben schneiden und auf den Fisch legen.

4 Den Fisch mit Frühlingszwiebeln und Petersilie (falls verwendet) bestreuen.

5 Den Fisch 15–20 Minuten im Backofen grillen, bis er sich mit einer Gabel leicht zerpflücken lässt. Mit frischen Kräutern bestreuen und servieren.

4 weißfleischige Fischfilets (je etwa 200 g) oder 1 ganzer Fisch (etwa 1 kg)
2 EL Olivenöl
1 große Bio-Zitrone
1 TL Knoblauchpulver
1 Frühlingszwiebel, in feine Ringe geschnitten
2 EL gehackte Petersilie (nach Belieben)
frische Kräuter zum Servieren

Zubereiten

Der Fisch kann komplett vorbereitet und roh in Portionen eingefroren werden. Dann vor dem Grillen im Kühlschrank auftauen lassen.

Aufbewahren

Reste halten sich bis zum nächsten Tag im Kühlschrank. Gegarter Fisch kann bis zu 1 Monat eingefroren werden.

Tipp

Da die Schale verwendet wird, solltest du eine Bio-Zitrone kaufen. Wenn nur behandelte Früchte zu bekommen sind, schrubbe die Schale unter fließendem, heißem Wasser gründlich mit einer Gemüsebürste ab.

Gesunde Fischfrikadellen

Für 4 Portionen | **Vorbereitungszeit** 15 Minuten

Für Kinder kann man aus der Masse „Fischstäbchen" formen und in Speisestärke statt in Sesam wenden. Ist kein frischer Fisch zu bekommen, verwende die gleiche Menge Thunfisch oder Lachs aus der Dose.

1 Den Backofen auf 180 °C vorheizen.

2 Alle Zutaten (außer Sesam) in einem Mixer grob zerkleinern.

3 Mit nassen Händen aus der Masse Frikadellen formen und diese im Sesam wälzen.

4 Die Frikadellen 15-20 Minuten im Backofen garen oder in etwas Öl (am besten Sesamöl) in einer Pfanne von jeder Seite 3–4 Minuten braten.

Superlecker mit Salat und Kokos-Zaziki (siehe Seite 123)

- 500 g frischer weißfleischiger Fisch, gewürfelt
- 1 kleine Zwiebel, gehackt
- 1 Knoblauchzehe (oder Knoblauchpulver)
- ½ Bund frische Petersilie (mit Stängeln)
- Saft von ½ Zitrone
- Meersalz und frisch gemahlener Pfeffer
- 75 g Sesamsaat
- Sesamöl zum Braten (nach Belieben)

Aufbewahren

Rohe Fischfrikadellen können in einem luftdicht schließenden Behälter bis zu 3 Monate eingefroren werden. Erst nach dem Auftauen in Sesamsaat wälzen!

Tipp

Wenn du keinen Mixer hast, kannst du die Zutaten sehr (!!!) fein hacken.

Magst du thailändisch?

* ein 1-cm-Stück frischer Ingwer, gerieben oder 1 Teelöffel gemahlener Ingwer
* nimm Limette statt Zitrone
* nimm Koriander statt Petersilie
* 1 Esslöffel Sojasauce oder Tamari

Tofu mit Erdnüssen

Für 4 Portionen | **Vorbereitungszeit** 10 Minuten

Tofu hat wenig Eigengeschmack, nimmt aber Gewürzaromen so gut an, dass man schon morgens im Büro vom Abendessen träumen kann. Dieses Rezept bekommt geschmacklich die volle Punktzahl!

1 Ein Tablett mit Küchenpapier belegen. Den Tofu in 1 cm dicke Scheiben schneiden, auf das Küchenpapier legen und mit weiteren Lagen Küchenpapier bedecken. Kräftig ausdrücken, um überschüssige Flüssigkeit herauszupressen.

2 In einer großen Pfanne 1 Esslöffel Sesamöl erhitzen. Die Tofuscheiben darin 7–10 Minuten von beiden Seiten braun anbraten. Auf einen Teller legen und abkühlen lassen.

3 Inzwischen in einer mittelgroßen Schüssel Sojasauce, Limettensaft, Sriracha, Erdnussmus, Ingwer und das restliche Sesamöl gut verrühren.

4 Den Tofu zerbröseln, in die Sauce geben und vorsichtig umrühren. Zum Servieren mit Basilikum und Erdnusskernen bestreuen.

500 g fester Tofu
2 EL Sesamöl
3 EL Sojasauce
2 EL Limettensaft
1 EL Sriracha
5 TL Erdnussmus mit Stückchen
1 TL frisch geriebener (oder gemahlener) Ingwer
Basilikumblätter und grob gehackte Erdnusskerne zum Servieren

Aufbewahren

Abgedeckt hält sich der Tofu im Kühlschrank bis zu 5 Tage.

Rauchige Putenbällchen

Für 3-4 Portionen | **Vorbereitungszeit** 15 Minuten

Drei Bällchen genügen als Proteinanteil einer Hauptmahlzeit.
Du kannst sie aber auch als Snack genießen.

1 Den Backofen auf 180 °C vorheizen.

2 Fleisch, Gewürze und Salz in einer Schüssel mit den Händen gut vermengen.

3 Aus der Masse neun Kugeln (ungefähr Golfballgröße) rollen und nach Belieben etwas flach drücken.

4 Die Bällchen nebeneinander auf ein mit Backpapier ausgelegtes Backblech legen.

5 Die Bällchen im Ofen 15–20 Minuten backen, bis die Oberseiten hellbraun werden.

6 Bällchen aus dem Ofen nehmen und abkühlen lassen. Mit Kresse bestreuen und nach Belieben Chiliflocken dazu reichen.

Dazu passt Grünes Dressing (siehe Seite 123).

500 g Putenhackfleisch
1 TL Knoblauchpulver
1 TL geräuchertes Paprikapulver
1 TL Chiliflocken (nach Belieben)
1 TL Meersalzflocken (noch besser: Rauchsalz, falls griffbereit)
Kresse und Chiliflocken zum Servieren (nach Belieben)

Aufbewahren

Die Bällchen halten sich im Kühlschrank bis zu 4 Tage und können bis zu 2 Monate eingefroren werden.

Putenpfanne asiatische Art

Für 4 Portionen | **Vorbereitungszeit** 5 Minuten

Dieses pikante Gericht ist nach Feierabend schnell gemacht und lässt sich hervorragend einfrieren. Nach dem Auftauen solltest du es noch am selben Tag verbrauchen und vor dem Servieren sehr stark erhitzen.

1. In einer Pfanne das Öl bei mittlerer bis hoher Hitze erhitzen.

2. Hackfleisch, Knoblauch und Chili darin unter ständigem Rühren 4–5 Minuten anbraten, bis das Fleisch gar ist.

3. Sojasauce oder Tamari, Limettensaft sowie -schale und Stevia oder Honig in der letzten Minute zugeben. Gut umrühren, dann die Pfanne vom Herd nehmen.

4. Zum Servieren mit Koriander und frischem Chili bestreuen. Nach Belieben dazu Limettenspalten reichen.

2 EL Erdnussöl

500 g mageres Putenhackfleisch

2 Knoblauchzehen, zerdrückt, oder
   1 TL Knoblauchpulver

1 rote Chilischote, in dünne
   Ringe geschnitten, oder
   1 EL getrocknete Chiliflocken

60 ml Sojasauce oder Tamari

Saft und abgeriebene Schale von
   1 Bio-Limette

½ EL Stevia-Granulat oder
   1 EL Honig

frische Korianderblättchen,
   Chiliringe und Limettenspalten
   zum Servieren (nach Belieben)

Aufbewahren

Gegartes Hackfleisch ganz erkalten lassen. Dann kann es in einem luftdichten Behälter 3–4 Tage im Kühlschrank aufbewahrt oder 2 Monate eingefroren werden.

Pikantes Rinderhack

Für 4 Portionen | **Vorbereitungszeit** 10 Minuten

Rindfleisch ist mager, aber reich an Eisen und Zink. Die Kombinationsmöglichkeiten mit Rinderhack kennen fast keine Grenzen.

1 Das Öl in einer Pfanne bei mittlerer Hitze erhitzen. Den Knoblauch darin 1 Minute anbraten.

2 Hackfleisch, Frühlingszwiebeln, Chiliflocken, Kreuzkümmel und Cayennepfeffer zugeben. Unter ständigem Rühren 5 Minuten braten, bis das Fleisch gar ist.

3 Mit Koriander und Frühlingszwiebelringen bestreuen und sofort servieren.

½ EL Oliven- oder Kokosöl
2 Knoblauchzehen, fein gehackt
500 g mageres Rinderhackfleisch
2 Frühlingszwiebeln, in Ringe geschnitten plus einige Zwiebelringe zum Servieren
1 EL Chiliflocken
1 TL gemahlener Kreuzkümmel
1 TL Cayennepfeffer
frische Korianderblätter zum Servieren

Ich habe immer eine Box mit Frühlingszwiebelringen im Kühlschrank – griffbereit zum Drüberstreuen.

Aufbewahren

Gegartes Hackfleisch sollte man ganz erkalten lassen. Dann kann es in einem luftdichten Behälter 3–4 Tage im Kühlschrank aufbewahrt oder 2 Monate eingefroren werden.

Hühnerfleischpizza

Für 4 Portionen | **Vorbereitungszeit** 15 Minuten

Dieses Rezept ist glutenfrei und eignet sich für alle, die auf Paleo-
oder Keto-Ernährung setzen. Ich mag dazu gern einen großen Salat.

1 Den Backofengrill auf hoher Stufe vorheizen.

2 Hackfleisch, Kokosmehl, Hefeflocken, Knoblauch- und Zwiebelpulver sowie Salz in einer großen Schüssel mit den Händen ver-
kneten. Ein Backblech mit Backpapier auslegen und die Masse
darauf verteilen. Etwas andrücken und mit einem weiteren Stück
Backpapier bedecken.

3 Die Masse mit einer Teigrolle 5 mm dünn ausrollen. (Notfalls tut
es die Rolle Backpapier. Einfach Gummibänder um die Enden
legen, damit sie aufgerollt bleibt.)

4 Das obere Stück Backpapier entfernen. Den „Pizzaboden" zu
einem Rechteck zuschneiden, um später die Stücke leichter einfrieren zu können. Anschließend den Boden 10–12 Minuten grillen,
bis das Fleisch gar ist und hellbraune Ränder bekommt.

5 Den Pizzaboden aus dem Ofen nehmen und mit Tomatenpüree
oder Pesto bestreichen. Nach Belieben belegen und mit Käse bestreuen, dann nochmals 5–10 Minuten grillen, bis die Beläge warm
sind und der Käse geschmolzen ist.

6 Aus dem Ofen nehmen und zum Servieren in Stücke schneiden.
Wenn belegte Stücke übrig bleiben, können sie bis zu 3 Tage im
Kühlschrank aufbewahrt werden.

500 g mageres Hühnerhackfleisch
2 EL Kokosmehl
¼ Tasse Hefeflocken (nach
    Belieben)
1 TL Knoblauchpulver
1 TL Zwiebelpulver
1 TL Meersalz
125 ml Tomatenpüree (Passata)
    oder rotes Pesto

*Die Reste schmecken
auch kalt – sogar
zum Frühstück!*

Zubereiten

Ideen für Beläge:
Ofengemüse
(siehe Seite 102)
Tomatenscheiben
Anchovis
Zwiebelringe
Käse: Mozzarella,
Cheddar, Gouda, Feta

Aufbewahren

Die Menge für den
Boden verdoppeln und
(ohne Beläge) bis zu
2 Monate einfrieren.
Einfach herausnehmen,
schnell belegen und im
vorgeheizten Backofen
bei 180 °C etwa 25 Mi-
nuten überbacken.

Tipp

Ich habe die Hälften
unterschiedlich
belegt – gut, um
verschiedenen Ge-
schmäckern gerecht
zu werden. Für den
Boden kann auch
Putenhack verwendet
werden.

Gebackene Süßkartoffeln mit Ei

Für 4 Portionen | **Vorbereitungszeit** 15 Minuten

Gebackene Avocados mit Ei sind zurzeit der Renner auf Instagram (schau mal auf @thefitfoodieblog vorbei!). Und sie schmecken ja auch köstlich. Diese Variante liefert komplexe Kohlenhydrate, die anhaltend sättigen.

1   Den Backofen auf 180 °C vorheizen. Die Süßkartoffeln waschen und ringsherum mehrmals mit einer Gabel einstechen.

2   Die Süßkartoffeln 7–8 Minuten in der Mikrowelle vorgaren. Du kannst sie auch im Ofen vorbacken, aber das dauert deutlich länger.

3   Die Süßkartoffeln halbieren und etwa ein Drittel des Fruchtfleischs herausschaben. (Das Fruchtfleisch aufbewahren und in Overnight Oats [siehe Seite 80] rühren oder mit Miso stampfen und zu Fisch servieren.)

4   Ein Backblech mit Backpapier auslegen. Die Süßkartoffelhälften mit der Schalenseite nach unten daraufsetzen. In jede Höhlung etwas gehackten Spinat füllen, dann ein Ei hineinschlagen.

5   Die Hälften 8–12 Minuten überbacken (je nachdem, wie weich oder hart die Eier sein sollen).

2 große Süßkartoffeln
200 g gehackter Spinat
4 Eier

Auch lecker mit gehackter Zwiebel oder Paprika.

Aufbewahren

Fertig gebackene Süßkartoffeln halten sich 2 Tage im Kühlschrank. Bis zu 4 Tage können sie im Kühlschrank aufbewahrt werden, wenn man sie nur bis Schritt 3 vorbereitet.

Tipp

Das Rezept lässt sich toll abwandeln. Ich mag es mit Frühlingszwiebeln, Radieschen, schwarzem Pfeffer und irgendeinem Dressing, das gerade da ist. Natürlich eignen sich auch die Dressings von Seite 122–123.

Schritt 2

AUF VORRAT KOCHEN

DIY-Müsli

 *Zwei große Gläser dieser Mischung reichen für mehrere Wochen.*

G E T R E I D E (insgesamt 5 Tassen, Kombination nach eigener Wahl)

Roggenflocken   Haferflocken   Gerstenflocken

+

G E H A C K T E   N Ü S S E   N A C H   G E S C H M A C K (insgesamt 1 Tasse)

Paranusskerne   Mandelkerne   Walnusskerne   Cashewkerne   Erdnusskerne

+

F Ü R   D E N   C R U N C H - F A K T O R (insgesamt 1 Tasse)

Sonnen-   Kürbis-   Buchweizen-   Kokos-   Kakaonibs   getrocknete
blumenkerne   kerne   grütze   chips   Bananen-
                                                                        scheiben

+

T R O C K E N F R Ü C H T E (½ Tasse, nach Belieben)

Rosinen   Gojibeeren   Heidelbeeren   Maulbeeren   getrocknete
                                                                        Himbeeren

+

G E S C H M A C K S B O M B E N (½ Teelöffel)

gemahlener   gemahlener   Meersalz   gemahlene
Kardamom   Zimt   Vanille

= das schnellste Frühstück der Welt

Einweichen
Zum Müsli 1 Tasse Milch geben und
einige Stunden quellen lassen (ähnlich
wie Overnight Oats, siehe Seite 80).

Erwärmen
In einem kleinen Topf ¾ Tasse Müsli
und 125 ml Milch erhitzen und unter
ständigem Rühren etwa 10 Minuten
köcheln lassen.

Rösten
Vor der Zugabe von Trockenfrüchten
3 Esslöffel Honig oder eine andere
Süße nach Wahl und 2 Esslöffel zerlassenes Kokosöl mit den trockenen
Zutaten mischen. Gut umrühren und
auf einem mit Backpapier ausgelegten
Backblech verteilen. Im vorgeheizten
Backofen bei 180 °C 15–20 Minuten
goldbraun rösten. Vollständig abkühlen
lassen, dann die Trockenfrüchte unterrühren.

Als Topping
Für ein schnelles, köstliches Frühstück
etwas Müsli über griechischen Joghurt
streuen und frische Beeren zugeben.

Overnight Oats für fünf Tage

Für 5 Portionen | **Vorbereitungszeit** 10 Minuten

Wer das Frühstück für die ganze Woche in einem Arbeitsgang vorbereitet, kommt auf dem Weg zur Arbeit beim Bäcker nicht so leicht in Versuchung. Ballaststoffreiche Flocken werden langsam verdaut, darum sättigen sie anhaltend. (Am besten sind kernige Haferflocken, denn der Körper braucht länger, um sie zu verwerten.) Du bist kein Kochgenie? Kein Problem. Dieses Frühstück gelingt auch ohne jegliches Kochtalent. Du musst nur zehn Minuten investieren, um ein supergesundes Frühstück für die ganze Woche vorzubereiten. Das lohnt sich doch! Magst du lieber süß oder herzhaft?

süß	herzhaft
500 g Haferflocken	500 g Haferflocken
40 g Chiasamen	40 g Chiasamen
1¼ l Milch nach Wahl	1¼ l Wasser, Pochierflüssigkeit vom
1 TL Vanilleextrakt oder	Hähnchen (siehe Seite 50) oder
gemahlene Vanille	Gemüsebrühe
	½ TL Meersalz

*Achtung:
fertig gekaufte Brühe
enthält oft viel Salz.*

Alle Zutaten in einer großen Schüssel mischen, dann abgedeckt in den Kühlschrank stellen. Portionsweise in kleine, luftdicht schließende Behälter abfüllen und kurz vor dem Essen mit deinem Lieblings-Topping anrichten.

süße Toppings

* Walnusskerne + 60 g geraspelte Karotte + geriebene Muskatnuss + 1 TL Honig
* Bananenscheiben + Erdnussmus + gemahlener Zimt
* Kakaopulver + Himbeeren + geröstete Kokosflocken + Kakaonibs
* DIY-Studentenfutter (siehe Seite 126) + Erdbeeren (in Scheiben) + 2 Stücke dunkle Schokolade

herzhafte Toppings

* pochiertes Ei (siehe Seite 45) + Avocado + Putenschinken
* ½ TL Chiliflocken + 1 TL Tamari oder Sojasauce + gehackter Koriander + pochiertes Hähnchen (siehe Seite 50)
* Sardinen aus der Dose + geraspelte Zucchini + Zitronensaft + Pfeffer
* Kürbispüree mit Miso + gehacktes Thai-Basilikum + Cashewkerne

Tipp *süß*

Einige Esslöffel süße Oats in einen Smoothie mixen – das liefert Ballaststoffe und macht den Smoothie schön cremig!

Tipp *herzhaft*

Einige Esslöffel herzhafte Oats mit Suppenzutaten pürieren – so wird die Suppe dickflüssiger und sättigt gut.

Smoothie-Beutel

In Smoothie-Beuteln friere ich alle möglichen Reste ein, um sie später zu einem köstlichen Drink zu verarbeiten. Alle Zutaten, die sich für Smoothies eignen, können klein geschnitten und in wiederverschließbaren Beuteln eingefroren werden. So kann man jederzeit bei Bedarf die gewünschte Menge herausnehmen.

Wer gut organisiert ist, friert gleich Portionsmengen ein. Dadurch lässt sich morgens vor der Arbeit noch mehr Zeit sparen. Wenn bei dir keine Reste anfallen (echt, wie schafft man das?), schau dich in den Gefriertruhen im Supermarkt um.

Wiederverschließbare Gefrierbeutel sind übrigens kein Einweg-Artikel. Ich verwende meine immer wieder und wische sie nur ab und zu mit einem sauberen Tuch ab. Natürlich kannst du auch andere Behälter verwenden, die Minusgrade vertragen.

Aufbewahren

Reste von Smoothies friere ich in Eiswürfelformen oder Förmchen für Eis am Stiel ein. Sie halten sich im Gefrierfach 3 Monate. Da hilft es natürlich, wenn das Gefriergerät groß genug ist …

Tipp

Friere fertige Smoothies in Portionsbehältern ein. Dann kannst du dir morgens einfach einen schnappen, und bis zur Mittagspause ist er aufgetaut. Oder du lässt ihn über Nacht im Kühlschrank auftauen und trinkst ihn zum Frühstück.

SMOOTHIE-BEUTEL

Beeren	Kokosnuss-würfel	Banane	Mango	gegarter Kürbis	Spinat	Zucchini (Reste von Gemüsenudeln)	Brokkoli-stiele

+

FLÜSSIGKEIT (insgesamt 200 ml)

Milch	Wasser	Kokoswasser

+

PROTEINE (30 g)

1 Messlöffel Proteinpulver (muss nicht sein, sättigt aber gut)

+

BALLASTSTOFFE

Blattgemüse (2 Tassen)	Haferflocken (1 Esslöffel)	Chiasamen	Leinsamen, Sonnen-blumenkerne, Mandelmehl	Flohsamen

+

GESUNDE FETTE (nach Geschmack)

Avocado	Nüsse	Samen	Kokosöl	Nussmus	Kokos-joghurt

= der perfekte Smoothie

Rauchige Schoko-Knusperriegel

Für 14 Stück | **Vorbereitungszeit** 15 Minuten

Natürlich mag ich Müsliriegel – wer nicht? Aber die Riegel aus dem Supermarkt enthalten oft Zutaten, die mir nicht geheuer sind. Zum Glück kann man Riegel leicht selbst machen. Wer den Rauchgeschmack nicht so gern mag, verwendet normale Mandeln und einfaches Meersalz.

2 EL Kokosöl
200 g entsteinte getrocknete
   Pflaumen, fein gehackt
180 g Erdnuss- oder Mandelmus
1 EL Honig oder Ahornsirup
160 g Rauchmandelkerne,
   grob gehackt

30 g gepuffter Naturreis
30 g Kakaonibs
40 g Kürbiskerne
150 g dunkle Schokolade,
   geschmolzen
1 TL geräuchertes Meersalz

1 In einem großen Topf Kokosöl und Pflaumen bei mittlerer Hitze erhitzen und mit einer Gabel zerdrücken.

2 Nussmus und Honig oder Ahornsirup zugeben, dann alles zu einer zähen Masse verrühren.

3 Die Masse vom Herd nehmen. Mandeln, Puffreis, Kakaonibs und Kürbiskerne zugeben, dann alles gut unterrühren.

4 Die Masse 1,5 cm dick in einer rechteckigen Silikonform oder in einer mit Backpapier ausgelegten Backform verstreichen.

5 Die Masse mit geschmolzener Schokolade übergießen und mit Meersalz bestreuen.

6 Zum Festwerden in den Kühlschrank stellen (etwa 1 Stunde), dann in Riegel schneiden.

Schüssel auslecken erlaubt!

Aufbewahren

Im Kühlschrank sind die Riegel bis zu 1 Woche, im Gefrierfach bis zu 3 Wochen haltbar.

Hummus

Für 10 Portionen | **Vorbereitungszeit** 10 Minuten

Ein gutes Hummus-Rezept braucht jeder, und ein paar mehr schaden auch nicht. Diese Variationen schmecken fantastisch, und alle liefern reichlich Ballaststoffe (wichtig für eine gesunde Verdauung).

1 Alle Zutaten in einen Mixer mit einer S-Klinge geben.

2 Alles glatt pürieren. Zwischendurch mehrmals die Masse vom Rand des Mixbehälters schaben.

1 Dose Hülsenfrüchte eigener Wahl (400 g), abgewaschen und abgetropft (Vorschläge siehe unten)
1 Knoblauchzehe oder
 ½ TL Knoblauchpulver
60 ml Olivenöl
4 EL Tahini
2 EL Zitronensaft
Meersalz und frisch gemahlener Pfeffer

Tolle Variationen

Das Grundrezept für Hummus besteht aus Hülsenfrüchten, die mit Tahini, Olivenöl, Knoblauch und Zitronensaft püriert werden. Diese Alternativen mag ich am liebsten:

* Linsen + 2 Handvoll Blattspinat
* weiße Bohnen + 1 TL gemahlener Kreuzkümmel
* Kichererbsen + 1 TL Paprikapulver
* schwarze Bohnen + ¼ TL Cayennepfeffer oder Chili

Aufbewahren

In einem Glas hält sich Hummus im Kühlschrank bis zu 1 Woche. Er kann bis zu 6 Monate eingefroren werden (Gefäß nicht bis an den Rand füllen, damit er sich ausdehnen kann). Alternativ kleine Portionen in Eiswürfelschalen einfrieren und später im Kühlschrank auftauen lassen.

weiße Bohnen + Kreuzkümmel

schwarze Bohnen +
Cayennepfeffer

Kichererbsen +
Paprikapulver

Linsen + Spinat

brauner Reis

Buchweizen

Teff (Zwerghirse)

Freekeh (grüner, gerösteter Weizen)

Klasse Körner

Für 8 Portionen | **Vorbereitungszeit** 5 Minuten

Die Körner schmecken gut, haben eine tolle Konsistenz, und sie sind nicht so stark verarbeitet wie weißer Reis. Sie sind sehr nährstoffreich, denn sie enthalten den Keim und die faserreiche Hüllschicht.

1 Eine Tasse trockene Körner nach Wahl (brauner Reis, Buchweizen, Teff, Freekeh, Quinoa oder Kamut) in einen Topf geben und mit 4 Tassen (1 Liter) Wasser oder Brühe bedecken. Wer mag, gibt 1 Prise Salz zu. Zum Kochen bringen, dann auf niedrige Hitze herunterschalten und unter gelegentlichem Rühren quellen lassen, bis die Körner die Flüssigkeit weitgehend aufgenommen haben und weich sind. Ungefähre Garzeiten stehen im Kasten rechts.

2 Zum Abgießen ein feines Sieb verwenden, damit die Körner nicht durchfallen. Ganz abkühlen lassen, dann in einen luftdicht schließenden Behälter umfüllen.

Quinoa

Garzeiten und Mengen

1 Tasse BRAUNER REIS
+ 50 Minuten Garzeit
= 2 Tassen gekocht

1 Tasse BUCHWEIZEN
+ 20 Minuten Garzeit
= 2 Tassen gekocht

1 Tasse TEFF
+ 20 Minuten Garzeit
= 3 Tassen gekocht

1 Tasse FREEKEH
+ 15 Minuten Garzeit
= 3 Tassen gekocht

1 Tasse QUINOA
+ 20 Minuten Garzeit
= 2 Tassen gekocht

1 Tasse KAMUT
+ 1 Stunde 30 Minuten
  Garzeit
= 3 Tassen gekocht

Zubereiten

Gekochte Körner können portioniert in wiederverschließbaren Beuteln eingefroren werden. Zum Auftauen 15 Minuten in eine Schüssel mit warmem Wasser geben oder in einem Topf auf dem Herd mit einem Schuss Wasser aufwärmen.

Aufbewahren

Gekochte Körner halten sich 3–4 Tage im Kühlschrank oder 2 Monate im Gefrierfach.

Tipp

Teff lieber nach Bedarf kochen. Er eignet sich nicht gut zum Einfrieren.

Ich bestreiche meins mit Ziegenkäse und träufele Olivenöl und Balsamicocreme darüber.

Olive + Oregano

Nussiges Paleo-Brot

Für 3 Laibe | **Vorbereitungszeit** 20 Minuten

Wahrscheinlich möchtest du nicht regelmäßig Brot backen, weil es eine Menge Mühe macht. Es ist viel einfacher, zum Bäcker an der Ecke zu gehen – klar. Für dieses Brot lohnt sich die Mühe aber, denn es ist supergesund und schmeckt unvergleichlich gut. Das Rezept reicht für drei Laibe, also brauchst du dir nur alle paar Monate die Arbeit zu machen.

Am besten mischst du alle trockenen Zutaten (rechts) und bewahrst sie in einem luftdicht schließenden Behälter auf. Dann kannst du jederzeit loslegen, wenn du Lust auf Brot hast. Probiere ruhig eigene Geschmacksrichtungen aus. Es darf sogar süß sein!

trockene Zutaten

360 g Leinsamenmehl
170 g Mandelmehl
120 g Kokosmehl
6 EL Backpulver
200 g Haselnusskerne
220 g Sesamsaat
220 g Sonnenblumenkerne
3 TL Meersalz

Rosmarin + Knoblauch

Pesto-Schnörkel

1 Pro Laib eine der Geschmacksvariationen (siehe unten) wählen.
Den Backofen auf 180 °C vorheizen.

2 Ein Drittel der trockenen Zutatenmischung abwiegen und mit
den gewählten Geschmackszutaten in eine Schüssel geben.
Eine Vertiefung in die Mitte drücken und 5 Eier hineinschlagen.
Dann 60 ml zerlassenes Kokosöl zugeben. Es darf nicht heiß
sein, sonst gerinnen die Eier. Alles gut verrühren. Den Teig in eine
Silikon-Kastenform (oder eine mit Backpapier ausgelegte Kastenform) füllen und 40–45 Minuten backen. Das Brot ist gar, wenn
man ein Messer in die Mitte sticht und beim Herausziehen kein
Teig daran haftet.

3 Das Brot abkühlen lassen, dann aus der Form stürzen und aufbewahren oder in Scheiben schneiden.

Geschmacksvariationen

Olive + Oregano

+ 60 g Oliven ohne Stein
+ 1 EL getrockneter
  Oregano

Rosmarin + Knoblauch

+ 1 EL gehackte Rosmarin-
  nadeln
+ 2 TL Knoblauchpulver

Pesto-Schnörkel

+ 3 EL Pesto, gekauft oder
  selbst gemacht (siehe Seite 122), zum Teig geben und
  Schlieren ziehen.

Leinsamenwaffeln

Für 8 Portionen | **Vorbereitungszeit** 10 Minuten

Magst du Waffeln lieber süß oder herzhaft? Mit diesem Rezept geht beides. Wer sich nicht entscheiden will, kann den Teig auch teilen.

1 Ein Waffeleisen vorheizen.

2 Die Eier und das Öl im Mixer mit 125 ml Wasser schaumig schlagen.

3 Leinsamenmehl, Backpulver und Salz in eine Schüssel geben, dann die Eiermischung hinzufügen.

4 Alle Zutaten gut verrühren. Den Teig in der Schüssel 3 Minuten ruhen lassen.

5 Kräuter oder Zimt unterrühren.

6 Je nach Modell entsprechende Menge Teig ins heiße Waffeleisen füllen und nach Gebrauchsanweisung backen. Wiederholen, bis der ganze Teig aufgebraucht ist.

5 große Eier
80 ml natives Olivenöl extra oder
   zerlassenes Kokosöl
240 g Leinsamenmehl
1 EL Backpulver
1 TL Meersalz
1 EL getrocknete Kräuter
   (für herzhafte Waffeln) oder
   2 TL gemahlener Zimt (für süße)

Aufbewahren

Gebackene Waffeln abwechselnd mit Backpapier in einen luftdicht schließenden Behälter stapeln und bis zu 6 Wochen einfrieren. Zum Aufbacken einfach gefroren in den Toaster stecken!

Rosmarin-Tahini-Kekse

Für 12 Stück | **Vorbereitungszeit** 10 Minuten

Herzhafte Kekse? Du wirst garantiert nicht enttäuscht sein. Wenn ich aus diesem Buch nur ein Rezept aussuchen dürfte, das jeder ausprobieren sollte, dann dies!

1 Den Backofen auf 160 °C vorheizen. Ein Backblech mit Backpapier auslegen und beiseitestellen.

2 In einem kleinen Topf Tahini und Ahornsirup bei schwacher Hitze zerlassen. Dann 1 Teelöffel Salz unterrühren, vom Herd nehmen.

3 In einer Schüssel Mandelmehl und 1 Esslöffel Rosmarin mischen, dann die heiße Tahinimischung zugeben und gut verrühren.

4 Aus dem Teig 12 Kugeln rollen und auf das vorbereitete Backblech legen. Mit einer Gabel flachdrücken. Mit Pistazien, restlichem Salz und dem übrigen Rosmarin bestreuen.

5 Die Kekse 10–12 Minuten im Ofen backen. Herausnehmen und auf einem Kuchengitter abkühlen lassen.

270 g Tahini (ich habe schwarzes genommen)
2 EL Ahornsirup
2 TL Meersalz
120 g Mandelmehl
2 EL gehackte Rosmarinnadeln
1 EL gehackte Pistazienkerne

Aufbewahren

Die Kekse halten sich in einer luftdicht schließenden Dose bei Zimmertemperatur 5 Tage. Sie können bis zu 1 Monat eingefroren werden.

Hafercracker mit Körnern

Für 30 Stück | **Vorbereitungszeit** 20 Minuten

Ausgewogene Ernährung hat nicht nur mit Proteinen, Kohlenhydraten und Fetten zu tun, sondern auch mit Geschmack und Konsistenz. Diese knusprigen Cracker können als Beilage zu Mahlzeiten serviert oder zwischendurch geknabbert werden.

1 Den Backofen auf 180 °C vorheizen.

2 Alle Zutaten in eine Schüssel geben, 250 ml Wasser unterrühren und 15 Minuten quellen lassen.

3 Ein Drittel des Teigs auf einem Backblech zwischen zwei Bögen Backpapier 2 mm dünn ausrollen. Die beiden anderen Teigdrittel auf zwei weiteren Blechen ebenso ausrollen.

4 Die oberen Bögen Backpapier abziehen. Die Teigplatten im Ofen 20–25 Minuten backen, bis die Ränder goldbraun sind.

5 Die Teigplatten vollständig abkühlen lassen, dann mit den Händen in mundgerechte Stücke brechen.

100 g **Haferflocken**
50 g **Flohsamenschalen**
80 g **Leinsamen**
80 g **Sonnenblumenkerne**
40 g **Chiasamen**
40 g **schwarze Sesamsaat**
1 TL **Meersalzflocken**
60 ml **Kokosöl**

*Mit Hummus (siehe Seite 86),
Gemüsestiften, Oliven und etwas pochiertem
Hähnchenfleisch (siehe Seite 50) wird daraus
eine köstliche Vorspeisenplatte.*

Zubereiten

Wer experimentierfreudig ist, teilt den Teig in 3 Portionen und rührt verschiedene Kräuter oder Gewürze unter den Teig.

Aufbewahren

Die Kekse halten sich in einer luftdicht schließenden Box bei Zimmertemperatur 1 Woche.

Tipp

Du hast keine Teigrolle? Nimm die Rolle Backpapier! Gummibänder an beiden Enden halten sie zusammen.

Zucchinipuffer

Für 4 Portionen | **Vorbereitungszeit** 10 Minuten

Mit diesen Puffern lassen sich auch Gemüsemuffel überzeugen. Sie können als Beilage zu verschiedensten Gerichten serviert werden, eignen sich aber ebenso für einen üppigen Wochenendbrunch.

2 Zucchini, geraspelt
2 große Eier, leicht verquirlt
40 g Kokosmehl
2 Frühlingszwiebeln, in Ringe geschnitten

3 EL gehackte Kräuter
½ TL Meersalz
¼ TL frisch gemahlener Pfeffer
2 EL Kokosöl zum Braten

1   In einer Schüssel Zucchini, Eier, Kokosmehl, Frühlingszwiebeln, Kräuter, Salz und Pfeffer gut verrühren. Ist die Mischung zu feucht, um sie formen zu können, etwas mehr Mehl unterrühren. Ist sie zu trocken, etwas mehr Ei dazugeben.

2   In einer großen Pfanne das Kokosöl bei mittlerer bis starker Hitze erhitzen. Wenn das Öl heiß ist, je 2 Esslöffel Teig pro Puffer abstechen, in die Pfanne geben und leicht flach drücken. Die Pfanne darf gut gefüllt sein, aber darauf achten, dass die Puffer nicht zusammenkleben.

3   Die Puffer von jeder Seite etwa 3 Minuten goldbraun braten. Aus der Pfanne nehmen und auf Küchenpapier abtropfen lassen.

Besonders gut mit gehacktem Koriander!

Aufbewahren

Die Puffer können in einem luftdicht schließenden Behälter auf Küchenpapier bis zu 4 Tage im Kühlschrank aufbewahrt oder bis zu 1 Monat eingefroren werden. Das Papier sorgt dafür, dass sie knusprig bleiben.

Tipp

Statt Kokosmehl kann auch Mandel- oder Buchweizenmehl verwendet werden.

Kürbis im Ganzen gebacken

Für 10 Portionen | **Vorbereitungszeit** 10 Minuten

Kürbis ist eines meiner Lieblingsgemüse. Er ist sehr nährstoffreich, hat einen süßlich-rauchigen Geschmack und eignet sich für süße wie auch für herzhafte Gerichte. Wenn man ihn in der Schale gart, ist sein Geschmack intensiver – außerdem macht diese Methode viel weniger Arbeit.

1 Den Backofen auf 200 °C vorheizen.

2 Die gesamte Kürbisschale mit Olivenöl einreiben.

3 Den Kürbis in Backpapier und dann in Alufolie wickeln. Auf ein Backblech stellen und in den Ofen schieben (mittlere Schiene). Den Kürbis 2–2 ½ Stunden backen, bis er gar ist.

4 Backpapier und Alufolie entfernen und den Kürbis weitere 30 Minuten backen, bis die Schale dunkel wird.

5 Den Kürbis aus dem Ofen nehmen und vollständig abkühlen lassen.

6 Den Kürbis aufschneiden und die Kerne entfernen. Das weiche Fleisch herausschaben und zu Püree zerdrücken.

1 ganzer Kürbis (etwa 2 kg, z. B. Muskat)
60 ml Olivenöl

Ein Püree – viele Möglichkeiten:

* Zum Frühstück Kürbispüree mit Haferflocken und Zimt verrühren und mit Ahornsirup beträufeln.
* Als schnelles Abendessen das Püree mit Misopaste verrühren und zu Lachs und gedünstetem Gemüse servieren.
* In Muffinrezepten einen Teil des Mehls durch Kürbispüree ersetzen – so werden sie wunderbar saftig.
* Eine dünne Spalte Kürbis mit Naturjoghurt, gehackten Pekannusskernen, gehackten Datteln und Meersalz ist ein leckerer Snack für den Nachmittag.
* Mit heißer Kokosmilch oder Wasser, Tamari und Erdnussmus pürieren – fertig ist eine köstliche asiatische Kürbissuppe.

Aufbewahren

Das Kürbisfleisch hält sich in einem luftdicht schließenden Behälter bis zu 1 Woche im Kühlschrank. Püree in Eiswürfelformen einfrieren, dann können bei Bedarf kleine Mengen aufgetaut werden.

*Kürbis vor dem Garen schälen,
entkernen und würfeln?
Nichts für mich!*

Perfektes Ofengemüse

Für 6–8 Portionen | **Vorbereitungszeit** 15 Minuten

Wer Mahlzeiten vorbereitet, möchte Zeit sparen. Nun hat Gemüse im Ofen aber eine lange Garzeit. Wer es wirklich eilig hat, sollte Gemüse wählen, das oberirdisch wächst. Es ist deutlich schneller gar!

1 Den Backofen auf 200 °C vorheizen. Drei Backbleche mit Silikonmatten oder Alufolie auslegen.

2 Das Gemüse nach Sorten mit ähnlichen Garzeiten sortieren. So kann jedes Blech aus dem Ofen genommen werden, wenn es fertig ist – z. B. ein Blech mit Wurzelgemüse wie Süßkartoffeln, Pastinaken, Rüben und Karotten. Ein zweites mit Rosenkohl, Brokkoli und Blumenkohl und ein drittes Blech mit weicherem Gemüse wie Zucchini, Zwiebel, Aubergine, Lauch und Paprika.

3 Das Gemüse in gleich große Stücke schneiden. Je kleiner die Stücke, desto kürzer die Garzeit.

4 Das Gemüse (nach Garzeiten sortiert) jeweils in einer Schicht auf den Blechen verteilen. Alle Stücke müssen Kontakt mit dem Backblech haben, sie dürfen einander nicht überlappen.

5 Das Gemüse auf jedem Blech mit einem Drittel des Olivenöls beträufeln (etwa 3 Esslöffel). Es verbessert die Wärmeübertragung und hilft dem Körper, die fettlöslichen Vitamine aufzunehmen.

6 Das Gemüse mit Meersalz bestreuen und im Ofen 30–45 Minuten backen. Jedes Blech herausnehmen, wenn das Gemüse gar ist. Ganz abkühlen lassen, dann im Kühlschrank aufbewahren.

Gemüse der Saison, gründlich
    gesäubert, mit Schale
180 ml Olivenöl
6 TL Meersalz

Etwas Ofengemüse mit den Zutaten für ein Hummus (siehe Seite 86) im Mixer pürieren – lecker!

Zubereiten

Zum Aufwärmen das Gemüse in einen Topf geben und einen Spritzer Zitronensaft hinzufügen, damit nichts anbrennt. Unter ständigem Rühren 5 Minuten erhitzen. Es schmeckt aber auch kalt zu einem Salat (mein Favorit) oder mit pochierten Eiern.

Aufbewahren

Im Kühlschrank hält sich das Gemüse 3–4 Tage. Du kannst es nach Sorten sortieren oder alles zusammen in einen Behälter füllen.

Tipp

Um die Garzeit zu halbieren, das Gemüse zuerst bissfest dünsten, dann im Ofen backen.

Karamellisierte Zwiebeln ohne Zucker

Für 10–12 Portionen | **Vorbereitungszeit** 15 Minuten

Eine tolle Zutat für viele Gerichte. Man kann sie warm oder kalt genießen, beispielsweise auf Fleischbällchen, in Fischfrikadellen, in Currys, auf Toast, in Suppe und mehr.

8 weiße oder rote Zwiebeln, geschält	2 EL Olivenöl
	1 TL Meersalzflocken

1 Jede Zwiebel von oben nach unten halbieren. Mit einem scharfen Messer den Wurzelstrunk V-förmig herausschneiden. Die Zwiebeln mit der Schnittfläche nach unten auf ein Schneidebrett legen und in dünne Ringe schneiden. Alternativ einen Gemüsehobel verwenden.

2 In einem großen Topf das Olivenöl erhitzen. Zuerst die Hälfte der Zwiebeln hineingeben, denn sie brauchen Platz zum Karamellisieren. Liegen sie zu eng, entsteht zu viel Dampf. Die Zwiebelringe unter ständigem Rühren 1–2 Minuten glasig dünsten. Restliche Zwiebeln danach unterrühren. Anschließend mit Salz würzen.

3 Den Herd auf mittlere bis schwache Hitze herunterschalten und die Zwiebeln unter gelegentlichem Rühren 15–20 Minuten garen, bis sie sehr weich sind. Falls sie am Topfboden ansetzen, etwas heißes Wasser zugeben und umrühren.

4 Die Zwiebeln im Topf abkühlen lassen, dann in einen luftdicht schließenden Behälter umfüllen.

 **Aufbewahren**

Luftdicht verpackt sind die Zwiebeln im Kühlschrank bis zu 7 Tage haltbar.

 **Tipp**

Beim Schneiden die Zwiebel mit gekrümmten Fingern festhalten. Die Fingerknöchel führen das Messer.

Glutenfreier Mürbeteig süß und herzhaft

Für 1 Form (20 cm Ø) | **Vorbereitungszeit** 20 Minuten

Dieses Rezept kannst du wirklich jedem servieren, denn es ist auch milchfrei und vegan. Bereite die doppelte Menge zu und friere die Hälfte roh ein. Du kannst auch zwei Böden backen und einen einfrieren oder später belegen.

1 Den Backofen auf 200 °C vorheizen. Eine runde Backform (20 cm Ø) mit Kokos- oder Olivenöl einfetten und beiseitestellen.

2 Alle Zutaten für das Grundrezept in einer großen Schüssel mischen, dann mit den Händen kneten, bis sich ein geschmeidiger Teig bildet. Ist er zu trocken, etwas Mandeldrink zugeben. Ist er klebrig, etwas Mehl unterkneten.

3 Den Teig ausrollen, bis er groß genug ist, um die Form damit auszulegen. Ich rolle ihn zwischen zwei Bögen Backpapier aus. Du kannst alternativ auch Teigrolle und Arbeitsfläche mit etwas Mehl bestreuen.

4 Den Teig in die Form legen und vorsichtig an Boden und Rand andrücken. Mehrmals mit einer Gabel einstechen. Überstehenden Teig mit einer Schere oder einem Messer abschneiden.

5 Dann den Teigboden im Ofen 15 Minuten vorbacken.

6 Nach Belieben belegen – für eine süße Variante mit Kürbis (siehe Seite 110), für eine herzhafte Version mit Äpfeln, Ziegenkäse und Salbei (siehe Seite 108).

Grundrezept für den Teig

170 g Buchweizenmehl plus etwas mehr zum Arbeiten
120 g Mandelmehl
120 ml ungesüßter Mandeldrink
60 ml Avocadoöl oder zerlassenes Kokosöl plus mehr zum Einfetten
½ TL Meersalzflocken
1 Msp. Backpulver

süßer Teig

+ 1 EL Ahornsirup

herzhafter Teig

+ 1 EL getrocknete Kräuter oder Hefeflocken

Oberlecker!

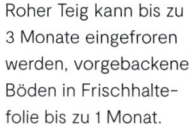

Aufbewahren

Roher Teig kann bis zu 3 Monate eingefroren werden, vorgebackene Böden in Frischhaltefolie bis zu 1 Monat.

Quiche mit Äpfeln, Ziegenkäse und Rosmarin

Für 8 Portionen | **Vorbereitungszeit** 20 Minuten

Quiche gehört zum Standardrepertoire jedes guten Bistros. Aber immer nur Speck und Cheddar ist doch langweilig. Wie wäre es mit dieser spannenden Variante?

1 Den Backofen auf 180 °C vorheizen.

2 Eier, Milch und Rosmarin in einer Schüssel verrühren.

3 Die Mischung auf den vorgebackenen Boden gießen. Mit einem Esslöffel den Käse darauf verteilen.

4 Die Quiche mit Apfelscheiben belegen, dann 35–45 Minuten backen, bis die Eiermischung fest ist.

5 Die Quiche 5 Minuten abkühlen lassen, aus der Form nehmen und in Stücke schneiden. Vor dem Servieren mit etwas Rosmarin garnieren.

12 Eier

60 ml Milch oder eine pflanzliche Alternative

1 EL frisch gehackte Rosmarinnadeln plus mehr zum Servieren

1 glutenfreier, herzhafter Mürbeteigboden, vorgebacken (siehe Seite 106)

80 g Ziegenfrischkäse oder Feta

1 kleiner grüner Apfel, in dünne Scheiben geschnitten

Aufbewahren

Die Quiche hält sich im Kühlschrank 3–4 Tage. Eiergerichte können nicht eingefroren werden. Der Teigboden lässt sich jedoch gut einfrieren. Am besten, du backst die Quiche, wenn Gäste zum Essen kommen.

Tipp

Wenn du mehr Zeit hast, kannst du etwas Lauch andünsten und unter die Eiermischung rühren.

Kanadischer Kürbiskuchen

Für 8 Portionen | **Vorbereitungszeit** 15 Minuten

Von der kanadischen Kürbis-Pie hatte ich schon viel gehört. Also marschierte ich auf einer Reise in ein bekanntes Restaurant, wo sie auf der Karte stand – mit Sprühsahne. Ich bestellte ein Stück und teilte es mir mit meinem Reisegefährten. Sie war lecker, aber ziemlich ungesund, weil sie viel Kondensmilch und weißen Zucker enthielt. Regelmäßig möchte ich so etwas nicht naschen. Darum habe ich eine einfache, aber gesündere Version entwickelt.

1 Den Backofen auf 180 °C vorheizen.

2 Kürbispüree, Eier, Ahornsirup, Kokosmilch, Vanille, Salz und Gewürze gut verrühren. Auf den vorgebackenen Teigboden gießen.

3 Den Kuchen 50 Minuten backen. Inzwischen die Zutaten für den Vanille-Ahorn-Joghurt verrühren.

4 Den Kuchen abkühlen lassen, dann aus der Form nehmen. Mit einem Klecks Vanille-Ahorn-Joghurt servieren.

1 glutenfreier, süßer Mürbeteigboden, vorgebacken (siehe Seite 106)
450 g Kürbispüree (siehe Seite 100)
3 große Eier
125 ml Ahornsirup, Honig oder Stevia-Granulat
200 ml vollfette Kokosmilch (aus der Dose)
½ TL Vanilleextrakt
¼ TL Meersalz
½ TL frisch geriebene Muskatnuss
1 TL gemahlener Piment
2 TL gemahlener Zimt

Vanille-Ahorn-Joghurt
260 g Kokosjoghurt oder ungesüßter griechischer Joghurt
1 TL Vanillepaste oder -extrakt
1 EL Ahornsirup

Aufbewahren

Der Kuchen kann bis zu 4 Tage im Kühlschrank aufbewahrt oder bis zu 1 Monat eingefroren werden. Den Joghurt erst kurz vor dem Servieren anrühren.

Blumenkohl-Pizzaböden

Die Hälfte aufbewahren und kalt als schnelles Frühstück essen.

Für 2 Portionen | **Vorbereitungszeit** 10 Minuten | **Eine Pizza** = 2 Portionen

Diese Rezepte sind für einen Pizzaboden berechnet. Ich empfehle aber, die Mengen zu verdoppeln oder zu verdreifachen und die zusätzlichen Böden für ein schnelles Abendessen einzufrieren.

1   Den Backofen auf 180 °C vorheizen. Ein Backblech mit einer Silikonmatte oder mit Backpapier auslegen.

2   Für die vegane Version zuerst das „Leinsamen-Ei" zubereiten: Das Leinsamenmehl 5 Minuten in 2 ½ Esslöffeln Wasser quellen lassen.

3   Inzwischen den Blumenkohl zu feinem „Reis" raspeln. Dazu eignet sich eine Küchenreibe, mit einem Mixer geht es schneller. Du brauchst etwa 3 Tassen Blumenkohlreis.

4   Den Blumenkohl in einer Pfanne bei mittlerer Hitze 8–10 Minuten unter Rühren weich dünsten. Einen Schuss Wasser zugeben, damit nichts anbrennt. (Diesen Schritt kannst du auslassen. Aus dem gedünsteten Blumenkohl lässt sich aber mehr Wasser ausdrücken und der Boden wird knuspriger als mit rohem Blumenkohl.)

5   Den Blumenkohl auf ein sauberes Geschirrtuch geben und so viel Flüssigkeit wie möglich auspressen. Das ist mühsam, aber du kannst es als Trainingseinheit betrachten.

6   Den Blumenkohl mit den restlichen Zutaten in eine Schüssel geben (für die vegane Version das vorbereitete Leinsamen-Ei nicht vergessen) und alles gründlich vermengen.

7   Die Masse auf das Backblech geben, andrücken und zu einem Rechteck formen. Im Ofen 30–40 Minuten goldbraun backen.

8   Nach Belieben belegen und weitere 10 Minuten backen. Alternativ den Boden ohne Belag abkühlen lassen und einfrieren.

Vegan

1 EL Leinsamenmehl (für ein „Leinsamen-Ei")
1 großer Blumenkohl
30 g Kichererbsenmehl
1 TL getrockneter Oregano
½ TL Meersalz

Nicht vegan

1 großer Blumenkohl
2 EL geriebener Parmesan
1 TL getrockneter Oregano
½ TL Meersalz
Variante: statt Parmesan ein Ei verwenden

Aufbewahren

Die Pizzaböden können 2 Monate lang eingefroren werden. Backpapier dazwischen legen, damit sie nicht zusammenkleben. Wenn sich der Hunger meldet, einen gefrorenen Boden 10 Minuten in den heißen Backofen schieben, dann belegen und nochmals 10 Minuten backen.

Tipp

Eckige Pizzaböden lassen sich einfacher formen (und verstauen).

Gemüseresteauflauf

Für 6 Portionen | **Vorbereitungszeit** 10 Minuten

Wenn zum Ende der Woche das Gemüse im Kühlschrank etwas traurig aussieht, kannst du die Reste in Stücke schneiden und mit schlappen Kräutern in eine Auflaufform packen. Lebensmittelverschwendung muss nicht sein, sie kostet eine Menge sauer verdientes Geld.

1 Den Backofen auf 180 °C vorheizen.

2 Das Gemüse bei Bedarf in Scheiben oder Würfel schneiden und in eine Auflaufform geben.

3 Eier, Kräuter, Milch und eventuell weitere Geschmackszutaten (siehe Seite 20–23) verrühren und über das Gemüse gießen.

4 Den Auflauf nach Belieben mit Parmesan bestreuen. Anschließend 30–40 Minuten backen, bis die Eiermischung in der Mitte fest geworden ist.

5 Den Auflauf vor dem Servieren 10 Minuten abkühlen lassen.

2 Tassen gegarte Gemüsereste

12 Eier

½ Tasse Reste von gehackten Kräutern

125 ml Milch oder eine pflanzliche Alternative

30 g Parmesan, fein gerieben (nach Belieben)

Aufbewahren

Der Auflauf hält sich im Kühlschrank 2–3 Tage.

Tipp

Portionen zum Mitnehmen kannst du in Muffinformen aus Silikon backen. Dann verkürzt sich die Garzeit.

Marinierte Kichererbsen

Für 2 Portionen | **Vorbereitungszeit** 5 Minuten

Dieses proteinreiche Rezept ist kinderleicht zuzubereiten und
schmeckt als Beilage oder kleine Zwischenmahlzeit.

1 Kichererbsen und Zwiebelringe in eine Schüssel geben.

2 Kreuzkümmel, Koriander, Olivenöl, Salz und Essig zufügen. Alles
gut umrühren.

3 Die Kichererbsen anschließend zugedeckt in den Kühlschrank
stellen. Vor dem Servieren mit Thymian bestreuen.

1 Dose Kichererbsen (400 g),
   abgewaschen und abgetropft
1 kleine rote Zwiebel, in dünne
   Ringe geschnitten
1 TL Kreuzkümmelsamen
1 TL Koriandersamen
1 EL Olivenöl
½ TL Meersalz
2 EL Rotweinessig
frische Thymianblätter zum
   Servieren

Zubereiten

Die Flüssigkeit aus der
Dose auffangen! Man
kann sie wie Eiweiß
steif schlagen und
beispielsweise für eine
vegane Variante der
Nusshäppchen (siehe
Seite 138) verwenden.

Aufbewahren

Die Kichererbsen hal-
ten sich bis zu 5 Tage
im Kühlschrank oder
können bis zu 1 Monat
eingefroren werden.

Tipp

Alternativ kannst du
Linsen aus der Dose
verwenden. Wenn du
beide Varianten zu-
bereitest, hast du bei
jeder Mahlzeit die freie
Auswahl.

Brokkolisuppe mit Birne und Anchovis

Für 4 Portionen | **Vorbereitungszeit** 25 Minuten

Wer Brokkoli einmal von einer ganz neuen Seite kennenlernen möchte, kombiniert ihn mit süßer Birne und salzigen Anchovis – spannend!

1 Das Öl in einem großen Topf bei mittlerer Hitze erhitzen. Zwiebeln und Knoblauch darin 5 Minuten glasig anschwitzen, aber nicht bräunen. Karamellisierte Zwiebeln müssen im Topf nur durchgewärmt werden.

2 Den Brokkoli in kleine Röschen zerteilen, die Stiele in dünne Scheiben schneiden. Mit den Birnen in den Topf geben.

3 Brühe oder Wasser zugießen und bei starker Hitze zum Kochen bringen. Dann die Suppe bei niedriger Hitze 15 Minuten köcheln lassen, bis der Brokkoli und die Birnen weich sind.

4 Anchovis und weißen Pfeffer zugeben, dann alles mit einem Stabmixer glatt pürieren.

5 Die Suppe vom Herd nehmen, die Kokosmilch zugeben und unterrühren.

6 Die Suppe warm halten. Kurz vor dem Servieren mit Kokosmilch beträufeln und mit Kräutern, Walnüssen und Chiasamen bestreuen. Dazu schmeckt eine Scheibe Paleo-Brot (siehe Seite 90).

2 EL Olivenöl
2 weiße Zwiebeln, gehackt (oder ½ Tasse karamellisierte Zwiebeln – siehe Seite 104)
2 Knoblauchzehen, in dünne Scheiben geschnitten
2 mittelgroße Brokkoli mit Stiel (etwa 500 g)
2 Birnen, Kerngehäuse entfernt, Fruchtfleisch grob gehackt
1 l Brühe oder Wasser
12 Anchovis
½ TL gemahlener weißer Pfeffer
250 ml Kokosmilch plus etwas mehr zum Servieren
Kräuter, gehackte Walnusskerne und Chiasamen zum Servieren

Aufbewahren

Die Suppe hält sich im Kühlschrank 4–5 Tage und kann bis zu 2 Monate eingefroren werden.

Vinaigrette-Baukasten

Vorbereitungszeit 5 Minuten

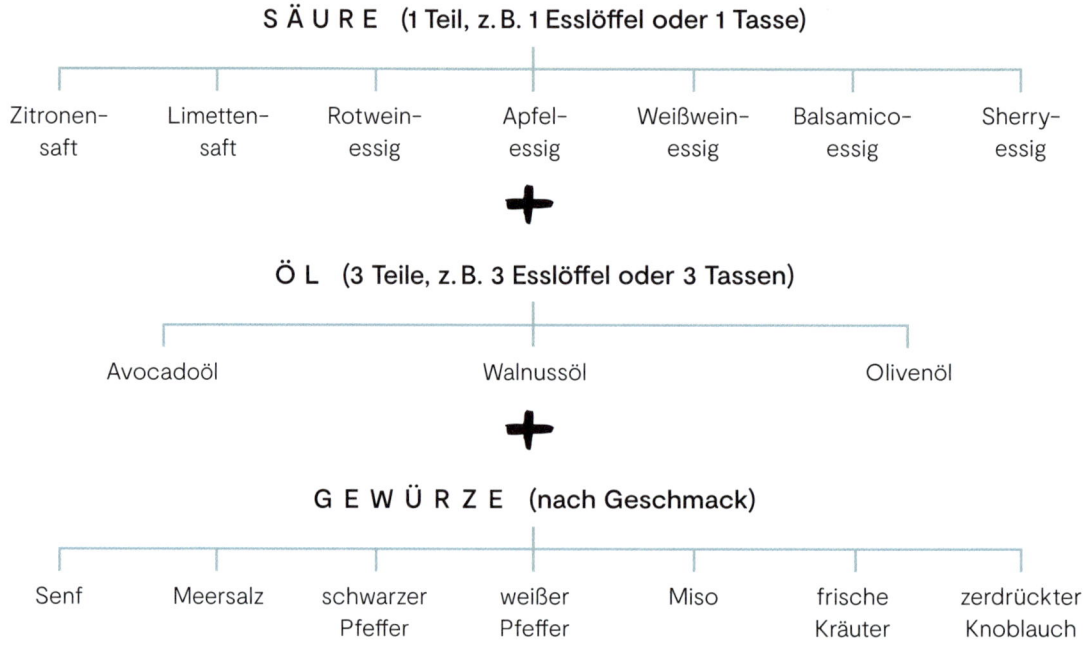

S Ä U R E (1 Teil, z. B. 1 Esslöffel oder 1 Tasse)

| Zitronen-saft | Limetten-saft | Rotwein-essig | Apfel-essig | Weißwein-essig | Balsamico-essig | Sherry-essig |

+

Ö L (3 Teile, z. B. 3 Esslöffel oder 3 Tassen)

| Avocadoöl | Walnussöl | Olivenöl |

+

G E W Ü R Z E (nach Geschmack)

| Senf | Meersalz | schwarzer Pfeffer | weißer Pfeffer | Miso | frische Kräuter | zerdrückter Knoblauch |

Mischen

Als Vorrat kannst du eine größere Menge zubereiten, z. B. 1 Tasse Essig und 3 Tassen Öl in ein Schraubglas geben, verschließen und gut schütteln. Für eine Portion 1 EL Essig und 3 EL Öl in einer kleinen Schüssel mit einer Gabel verrühren.

Abschmecken

Verlass dich auf deinen eigenen Geschmack. Etwas mehr Salz? Mehr Zitrone? Probiere die Vinaigrette nicht pur. Tunke lieber ein Salatblatt oder ein Stück Gemüse ein und probiere.

Aufbewahren

Wenn die Vinaigrette nur Öl, Essig, Salz und Pfeffer enthält, kann sie in einem Glas bei Zimmertemperatur 2–3 Wochen aufbewahrt werden. Enthält sie auch frische Zutaten wie Zitrone oder Kräuter, hält sie sich im Kühlschrank bis zu 5 Tage.

Mein Favorit: Apfelessig + Olivenöl + körniger Senf

Jede Menge Dressings

Ergibt etwa 250 ml | **Vorbereitungszeit** 5–10 Minuten

So manches Gericht steht und fällt mit dem richtigen Dressing. Ich esse Dressings nicht nur zu Salat, sondern auch zu Ofengemüse, Eiern, Hähnchen, gedünstetem Gemüse und mehr.

1. Alle Zutaten gut verrühren oder im Mixer pürieren und bis zu 1 Woche im Kühlschrank aufbewahren – am besten in einem Schraubglas, so kannst du das Dressing vor dem Servieren durchschütteln.

Erbsen-Mandel-Pesto

1 Tasse Erbsen (frisch oder aufgetaut) + 1 Tasse gemahlene Mandeln + 2 Knoblauchzehen + ½ Bund frische Minze (nur die Blätter) + 1 Bund frisches Basilikum (nur die Blätter) + 125 ml natives Olivenöl extra + Salz + Pfeffer nach Geschmack

Das Einfache

260 g Naturjoghurt + 3 EL Dijon-Senf + 2 TL Sriracha

Erbsen-Mandel-Pesto

Das Einfache

Zitrone + Tahini

Zitrone + Tahini

135 g Tahini +
125 ml warmes Wasser +
3 EL Zitronensaft +
1 TL Meersalz +
2 Knoblauchzehen, zerdrückt

Miso + Mandel

140 g Mandelmus + 80 ml warmes Wasser +
2 EL Apfelessig + 1 EL Misopaste + 1 EL Sesamöl +
1 EL guter Honig oder Ahornsirup Grad A (milder
Geschmack, nach Belieben) + 2 Knoblauchzehen,
zerdrückt

Grünes Dressing

80 ml Limettensaft + 4 EL Tahini +
3 EL natives Olivenöl extra + 2 EL Senf +
1 Bund Koriander (nur die Blätter) +
1 TL gemahlener Ingwer + 1 TL gemahlener
Koriander + 1 EL Honig oder 10 Tropfen
flüssige Stevia + Salz und Pfeffer

Kokos-Zaziki

260 g Kokosjoghurt + 3 EL fein gehackte Gurke +
60 ml Zitronensaft + 1 EL gehackter Dill +
½ TL Meersalz

Eingelegtes Gemüse

Für 6–8 Portionen pro Glas | **Vorbereitungszeit** 10 Minuten pro Glas

Ich liebe dieses eingelegte Gemüse. Zugegeben, es ist nicht ganz so aromatisch wie milchsauer vergorenes Gemüse (und enthält weniger nützliche Bakterien), dafür ist es im Handumdrehen gemacht und kann wenige Stunden später gegessen werden. Es schmeckt zu fast allem: Salat, herzhaften Oats, Fischgerichten und so weiter. Die Gläser im Kühlschrank aufbewahren!

Wusstest du, dass weißer Essig fast so gesund ist wie der hoch-gelobte Apfelessig? Beide enthalten Essigsäure. Die soll schädliche Bakterien abtöten und den Blutzuckerspiegel stabilisieren. Sie ver-langsamt auch die Verdauung, sodass man sich länger satt fühlt.

1 Essig, Senfkörner, Kreuzkümmelsamen und Salz in einem großen Topf bei mittlerer Hitze zum Kochen bringen.

2 Das kleingeschnittene Gemüse in saubere Schraubgläser füllen – aber nicht bis an den Rand, denn es muss vollständig von der Essigmischung bedeckt sein.

3 Die heiße Flüssigkeit über das Gemüse gießen, bis es bedeckt ist. Auf Zimmertem-peratur abkühlen lassen, dann den Deckel schließen und in den Kühlschrank stellen.

Aufbewahren

Das Gemüse kann nach wenigen Stunden gegessen werden, hält sich aber im Kühl-schrank bis zu 1 Monat.

bunter Mangold

Fenchel + Grün + Stiele

Einlegeflüssigkeit

Für ein 1-Liter-Glas
(ungefähre Mengen)

500 ml weißer Essig
½ TL Senfkörner
½ TL Kreuzkümmelsamen
½ TL Meersalz

tolle Gemüsekombinationen

4 Tassen Gemüse, in Scheiben, Würfel oder
Streifen geschnitten

* Stangensellerie + Gurke + Blumenkohl
* Karotten + Karottengrün + Radieschen
* Fenchel + Grün + Stiele
* rote Zwiebeln
* was gerade im Haus ist

Karotten + Karottengrün + Radieschen

Sellerie + Blumenkohl

rote Zwiebeln

Sellerie

bunter Mangold

DIY Studentenfutter

Für 5 Portionen (30 g pro Portion) | **Vorbereitungszeit** 10 Minuten

NÜSSE + SAMEN (insgesamt 1 Tasse, beliebig gemischt)

Cashew-kerne · Maca-damiakerne · Pinien-kerne · Mandel-kerne · Kürbis-kerne · Paranuss-kerne · Sonnen-blumenkerne · Pistazien-kerne · Erdnuss-kerne

+

LECKERE KLEINIGKEITEN (insgesamt ½ Tasse, beliebig gemischt)

Kakao-nibs · getrocknete Feigen · Puffreis · Kokos-chips · Rosinen · Buchweizen · gepuffte Hirse · getrocknete Heidelbeeren, Maulbeeren oder Kirschen

+

GESCHMACKSBOMBEN (2 Teelöffel)

süß

Kakao · Zimt · Zitronen-schale · Ingwer · Maca-Pulver · Vanillepulver

herzhaft

Meersalz · Chili · Paprika-pulver · Kräuter · Pfeffer · Knoblauch-pulver

Aufbewahren

Das Studentenfutter hält sich in einem luftdicht schließenden Behälter bei Zimmer-temperatur 6 Monate oder es kann bis zu 2 Jahre eingefroren werden.

Tipp

Alle Zutaten in ein großes Glas oder einen verschließbaren Gefrierbeutel geben und SCHÜTTELN.

Cashewkerne + Kokosspäne + Limettenschale + Chiliflocken

Mandelkerne + Kakaonibs + Kokoschips + Kakaopulver

Pinienkerne + Macadamiakerne + getrocknete Feigen + gehackter Rosmarin + Meersalzflocken

Schnelle süße + herzhafte Trüffel

Für 10 Portionen (à 2 Datteln) | **Vorbereitungszeit** 10 Minuten

Nach dem Essen ist man eigentlich satt, aber es fehlt zum Schluss noch ein kleines Extra, um den Genuss abzurunden. Kennst du das? Wer Datteln im Gefrierfach hat, braucht nie mehr nach Schokoriegeln zu greifen! Durch das Einfrieren werden die Datteln fester und bekommen eine Konsistenz wie Karamellbonbons. Füllen kann man sie in letzter Minute. Umwerfend gut!

1   Nimm ein paar Tassen Medjool-Datteln (die großen saftigen) und entsteine sie.

2   Stecke die Datteln in einen gefriertauglichen Behälter und dann in den Gefrierschrank (bis zu 2 Monate).

3   Wenn die Naschlust zuschlägt, nimm einige heraus und fülle sie. Das geht blitzschnell. Vorschläge? Siehe unten!

herzhaft

* 1 Walnusskern + 1 TL Blauschimmelkäse
* 1 entsteinte Olive + 1 TL Hummus (siehe Seite 86)
* 1 Basilikumblatt + 1 kleiner Würfel Cheddar

süß

* 1 TL Mandelmus + Meersalz
* 1 Pekannusskern + 1 Stückchen dunkle Schokolade
* 1 TL Kokosmus + gemahlener Zimt

Bananenbrot mit Schokolade + Meersalz

Für 12 Portionen | **Vorbereitungszeit** 20 Minuten

Bananenbrot habe ich erst kennengelernt, als ich nach Australien gezogen bin. Es schmeckt sagenhaft gut, enthält aber meistens viel Weißmehl und raffinierten Zucker. Das ist bei meinem Rezept nicht der Fall. Ich toaste es zum Wochenendfrühstück und habe für zwischendurch immer einige Scheiben im Gefrierfach.

1 Den Backofen auf 180 °C vorheizen. Eine Kastenform mit Backpapier auslegen oder eine Silikonform verwenden.

2 Mandel- oder Nussmehl, Kakaopulver, Backpulver, Natron, Salz und Zimt in einer großen Schüssel mischen, dann beiseitestellen.

3 In einer anderen Schüssel die Eier mit Kokosblütenzucker, Kokosöl, Vanille und Milch verrühren. Die zerdrückten Bananen unterheben.

4 Die flüssigen Zutaten zu den trockenen gießen und alles gut zu einem Teig verrühren.

5 Den Teig in die Kastenform gießen, mit den Bananenhälften belegen und mit Meersalzflocken bestreuen.

6 Das Bananenbrot 1 Stunde backen. Dann mit einem Messer in die Mitte stechen, bleibt kein Teig daran haften, ist der Kuchen gar.

7 Das Bananenbrot in der Form abkühlen lassen, dann aus der Form stürzen und in Scheiben schneiden.

120 g Mandel- oder Haselnussmehl
60 g Kakaopulver, gesiebt
1 TL Backpulver
1 TL Natron
2 TL Meersalz
2 TL gemahlener Zimt
2 große Eier
50 g Kokosblütenzucker
80 ml zerlassenes Kokosöl
2 TL Vanilleextrakt
1½ EL Milch oder eine pflanzliche Alternative
5 Bananen, zerdrückt

Belag
1 große Banane, längs halbiert
1 TL Meersalzflocken

Aufbewahren

Das Bananenbrot hält sich in einem luftdichten Behälter 3–4 Tage im Kühlschrank und kann bis zu 6 Wochen eingefroren werden (Backpapier zwischen die Scheiben legen).

Salzkaramell

Ergibt 1 Glas (etwa 12 Portionen) | **Vorbereitungszeit** 5 Minuten

Salzkaramell schmeckt köstlich auf Overnight Oats, Pfannkuchen und Waffeln oder für zwischendurch auf einer Banane oder im Smoothie.

1 Alle Zutaten außer dem Salz in einen Mixer geben und zu einer glatten Masse verarbeiten. (Es geht auch in einer Schüssel mit einem Schneebesen – aber bitte ohne Klümpchen!)

2 Die Meersalzflocken unterrühren und das Karamell in ein Schraubglas füllen.

125 ml Ahornsirup
125 ml Kokosmilch
125 ml zerlassenes Kokosöl
90 g Mandelmus
1½ TL Meersalzflocken

Aufbewahren

Das Karamell hält sich bei Zimmertemperatur etwa 1 Woche. Reste kannst du einfrieren und für Smoothies verwenden.

Gebackene Haferflocken mit Kardamom, Schokolade + Kirschen

Für 10 Portionen | **Vorbereitungszeit** 15 Minuten

Zugegeben: Dieses Rezept enthält mehr Zutaten, als ich normalerweise verwende, aber es lohnt sich! Es schmeckt zum Frühstück oder als Dessert.

1 Den Backofen auf 180 °C vorheizen.

2 Haferflocken, Nüsse, Zimt, Kakao, Backpulver, Salz und Kardamom in einer Schüssel mischen.

3 Eine Vertiefung in die Mitte drücken. Milch, Eier, Süßungszutat, Butter oder Öl und Vanille hineingeben. Zuerst die flüssigen Zutaten in der Mulde mischen, dann mit den trockenen verrühren.

4 Kirschen und Schokotröpfchen (falls verwendet) dazugeben und nochmals umrühren.

5 Die Mischung in eine Springform geben und mit der Rückseite eines Esslöffels glatt streichen. Bei mir ist die Schicht 2,5 cm dick. Wenn sie dünner ist, verkürzt sich die Backzeit.

6 Die Haferflockenmischung 45 Minuten backen, dann aus dem Ofen nehmen und 5 Minuten abkühlen lassen. In Schalen füllen und servieren.

200 g Haferflocken

80 g Pekannuss- oder Mandelkerne, grob gehackt

2 TL gemahlener Zimt

30 g Kakaopulver

1 TL Backpulver

½ TL Meersalz

1 TL gemahlener Kardamom

500 ml Milch oder eine pflanzliche Alternative

3 große Eier oder „Leinsamen-Eier" (siehe Seite 112)

80 ml Ahornsirup, Honig oder Stevia-Granulat

3 EL Butter oder Kokosöl, zerlassen

2 TL Vanilleextrakt

400 g Kirschen (frisch oder TK)

80 g dunkle Schokotröpfchen oder Kakaonibs (nach Belieben)

Keine Kirschen? Schmeckt auch mit Brombeeren, Heidelbeeren oder Himbeeren!

Zubereiten

Extras zum Servieren: Naturjoghurt + etwas Ahornsirup oder Honig + Schokotröpfchen oder Kakaonibs.

Aufbewahren

Die Haferflocken halten sich in einem luftdichten Behälter bis zu 1 Woche im Kühlschrank. Einzelportionen können bis zu 2 Monate eingefroren werden.

Saftige Himbeer-Erdnuss-Schnitten

Für 12 Portionen | **Vorbereitungszeit** 15 Minuten

Diese Schnitten sind so saftig wie Brownies und wirken richtig üppig. Tatsächlich kommen sie aber ganz ohne Zucker aus. Dafür enthalten sie viele Ballaststoffe für eine gesunde Verdauung.

1 Den Backofen auf 180 °C vorheizen. Eine rechteckige Backform (22 x 28 cm) mit Backpapier auslegen.

2 Bohnen und Erdnussmus im Mixer glatt pürieren. Mandelmehl, Backpulver, Eier, Vanille, Stevia und Salz dazugeben und alles gut verrühren.

3 Zum Schluss die Himbeeren unterheben. Den Teig in die vorbereitete Form füllen.

4 Im Ofen 45–50 Minuten backen, bis der Teig in der Mitte gerade fest ist.

5 Die Schnitten vollständig abkühlen lassen, dann in Stücke schneiden.

1 Dose weiße Bohnen (400 g), abgetropft
140 g Erdnussmus
100 g Mandelmehl
1 TL Backpulver
3 große Eier oder „Leinsamen-Eier" (siehe Seite 112)
2 TL Vanilleextrakt
120 g Stevia-Granulat
½ TL Meersalz
150 g Himbeeren (TK oder frisch)

Aufbewahren

In einem luftdichten Behälter kannst du die Schnitten bis zu 5 Tage im Kühlschrank aufbewahren oder bis zu 2 Monate einfrieren.

Nusshäppchen

Ergibt 30 Stück | **Vorbereitungszeit** 10 Minuten

Nüsse esse ich jeden Tag, weil sie viele Ballaststoffe, Vitamine und Antioxidantien enthalten. Bei diesem Rezept muss ich mich zurückhalten, nicht gleich die Hälfte auf einmal aufzuessen!

1 Den Backofen auf 180 °C vorheizen. Zwei große Backbleche mit Backpapier auslegen.

2 Die Eiweiße in einer großen Schüssel zu steifem Eischnee schlagen. Nüsse, Früchte, Zimt und Salz unterheben.

3 Mit einem Löffel große Kleckse der Masse auf die Backbleche setzen. Die Häppchen 10 Minuten im Ofen goldbraun backen. Auf den Blechen abkühlen lassen.

3 Eiweiß

600 g gemischte Nusskerne ohne Salz

150 g Trockenfrüchte (z. B. Feigen und Rosinen), gehackt

1–2 TL gemahlener Zimt

1 TL Meersalz (nach Belieben)

Meine Favoriten sind Cashew-, Mandel-, Pistazien- und Pinienkerne.

Aufbewahren

Die Nusshäppchen sind im Kühlschrank bis zu 1 Woche haltbar. Um die verzehrte Menge im Auge zu behalten, besser einfrieren (bis zu 1 Monat).

Tipp

Für eine schokoladige Variante den Zimt durch 2 Teelöffel Kakaopulver ersetzen. Für eine vegane Variante einfach statt Eiweiß die Flüssigkeit aus einer Dose Kichererbsen aufschlagen (siehe Seite 116).

Cookie-Teig zum Löffeln

Für 10 Portionen | **Vorbereitungszeit** 10 Minuten

Freitags nach Feierabend gönne ich mir eine Belohnung. Früher war es Eis mit Cookie-Teig, das man fertig kaufen kann. Jetzt nasche ich gesünder: kein Zucker, kein schlechtes Gewissen.

1 Haferflocken, Cashewkerne und Mandelmehl im Mixer zu feinem Mehl mixen.

2 Zerlassenes Kokosöl und Honig oder Ahornsirup zugeben und nochmals mixen.

3 Die Mischung aus dem Mixer nehmen und die Schokotröpfchen oder Kakaonibs unterrühren.

4 Der Cookie-Teig hält sich in einem luftdichten Behälter im Kühlschrank bis zu 2 Wochen, ist also immer griffbereit, wenn die Naschlust zuschlägt.

75 g Haferflocken
120 g Cashewkerne (oder Haferflocken)
150 g Mandelmehl
3 EL Kokosöl
4 EL Honig oder Ahornsirup
80 g dunkle Schokotröpfchen oder Kakaonibs

Aufbewahren

Wer sich (wie ich) schlecht zurückhalten kann, formt aus der Masse Kugeln oder Würfel und friert sie ein (bis zu 3 Monate).

Crumble mit zweierlei Früchten

Für 6 Portionen | **Vorbereitungszeit** 20 Minuten

Zu Obst mit knusprigen Streuseln habe ich eine lange, glückliche Liebesbeziehung. Wenn ich mich nicht für eine Obstsorte entscheiden kann, nehme ich einfach zwei! Genial, oder?

1 Den Backofen auf 180 °C vorheizen.

Für die Streusel

2 Haferflocken, Mandelmehl, Zimt und Salz in einer Schüssel mischen.

3 Kokosöl oder Butter zugeben und alles zwischen den Fingern zu Streuseln zerreiben.

4 Nach Belieben die Süßungszutat dazugeben und mit einem Kochlöffel unterrühren.

Für die Früchte

5 Zwei kleine Töpfe bei mittlerer Hitze auf den Herd stellen. In einen Topf die Brombeeren geben, in den anderen die Äpfel. Jeweils 125 ml Wasser zugeben (mit heißem Wasser aus dem Wasserkocher geht es schneller).

6 In jeden Topf die Hälfte des Zitronensafts und der Süßungszutat einrühren. Die Früchte ohne Deckel 8–10 Minuten köcheln lassen, bis sie weich sind und die Flüssigkeit auf die Hälfte eingekocht ist.

7 Die Brombeeren auf eine Seite der Form geben, die Äpfel auf die andere Seite. Es macht nichts, wenn sich die Säfte mischen – das schmeckt köstlich.

8 Die Streusel auf den Früchten verteilen. Den Crumble 30 Minuten im Ofen backen, bis die Streusel goldbraun sind.

Streusel

160 g Haferflocken
100 g Mandelmehl
2 TL gemahlener Zimt
1 TL Meersalz
3 EL Kokosöl (fest) oder Butter
60 ml Reissirup oder Süßungszutat eigener Wahl (nach Belieben)

Füllung

3 Tassen Brombeeren (frisch oder gefroren)
3 Tassen Apfelwürfel
Saft von 1 Bio-Zitrone
½ Tasse Stevia-Granulat oder andere Süßungszutat

Für mehr Pepp auch die Zitronenschale zugeben.

Aufbewahren

Der Crumble hält sich 5 Tage im Kühlschrank und kann bis zu 2 Monate eingefroren werden.

Tipp

Der Schmelzpunkt von Kokosöl liegt bei etwa 27 °C. Soll es fest sein, muss es im Sommer in den Kühlschrank gestellt werden.

Süßes mit nur zwei Zutaten

Erdnuss-Eiscreme	1 Esslöffel Erdnussmus	**+**	1 Tasse gefrorene Banane	**+**	im Mixer pürieren
Kokos-bissen	½ Esslöffel Kokosnussmus	**+**	1 Tasse entsteinte Datteln	**+**	im Mixer pürieren
Schoko-Proghurt	130 g Naturjoghurt	**+**	30 g (1 Messlöffel) Schoko-Proteinpulver	**+**	alles verrühren
Bananencookies	1 zerdrückte Banane	**+**	55 g Haferflocken	**+**	verrühren + goldbraun backen (180 °C)
süße Cracker	1 reife Banane	**+**	½ Tasse Leinsamen	**+**	verrühren + goldbraun backen (180 °C)
Ananas-Eis	gefrorene Ananaswürfel	**+**	frische Minzeblätter	**+**	im Mixer pürieren

Kokosbissen

süße Cracker

Schoko-Proghurt

Erdnuss-Eiscreme

Bananencookies

Ananas-Eis

Energiekugeln

Ergibt 15 Stück | **Vorbereitungszeit** 10 Minuten

GRUNDZUTATEN (insgesamt 1 Tasse, beliebige Mischung)

ganze Nüsse	Mehl	Getreide	andere trockene Zutaten
Cashewkerne	Mandelmehl	Haferflocken	Sonnenblumenkerne
Mandelkerne	Haselnussmehl	Quinoaflocken	Kürbiskerne
Walnusskerne	Hafermehl	Dinkelflocken	Kokosraspel
Pistazienkerne			

+

FRÜCHTE ZUM BINDEN (insgesamt ¾ Tasse, beliebige Mischung)

Datteln	Rosinen	getrocknete Aprikosen	getrocknete Pflaumen	getrocknete Feigen	Cranberries

+

NUSS- ODER KÖRNERMUS (insgesamt ¼ Tasse)

Mandelmus	Erdnussmus	Tahini	Sonnenblumenkernmus	Walnussmus	Cashewmus

+

GESCHMACKSBOMBEN (½ Teelöffel)

Zimt	gemahlener Kaffee	Vanille	Meersalz	Zitronenschale	Orangenöl	gemahlener Ingwer	Pfefferminzöl

Alles zusammen im Mixer zerkleinern und Kugeln daraus rollen.

ZUM WÄLZEN

gehackte Nüsse	Kokosraspel	Kakaonibs	Chiasamen	Sesamsaat	Kakaopulver

Chocolate-Chip-Cookies mit vier Zutaten

Für 15 Stück | **Vorbereitungszeit** 15 Minuten

Ausgewogene Ernährung ohne Kekse? Geht gar nicht! Für dieses Rezept werden nur vier Zutaten benötigt, und gesund ist es obendrein.

1 Den Backofen auf 180 °C vorheizen. Ein Backblech mit Backpapier belegen.

2 Tahini und Ahornsirup in einem Topf bei mittlerer Hitze erwärmen.

3 Alles gut verrühren, dann vom Herd nehmen. Nun Mandelmehl und Kakaonibs oder Schokotröpfchen unterrühren.

4 Mit einem Esslöffel etwas Teig abstechen, zwischen den Händen zu einer Kugel rollen und auf das vorbereitete Blech legen. Flach drücken und nach Belieben mit Salz bestreuen.

5 Die Cookies 10–12 Minuten im Ofen backen. Anschließend abkühlen lassen und in einem luftdicht schließenden Behälter aufbewahren.

270 g Tahini
80 ml Ahornsirup
200 g Mandelmehl
3 EL Kakaonibs oder dunkle
  Schokotröpfchen
½ TL Meersalz (nach Belieben)

Aufbewahren

Die Cookies halten sich im Kühlschrank bis zu 7 Tage, im Gefrierfach bis zu 1 Monat.

Schritt 3

DER MENÜ-BAU-KASTEN

Pochierte Eier und ...

Eier könnte ich zu jeder Mahlzeit essen. Diese drei Kombinationen sorgen für Abwechslung.
Der Joghurt in Vorschlag 1 schmeckt mit Frühlingszwiebel und Chili überraschend pikant.

KOMBI 1

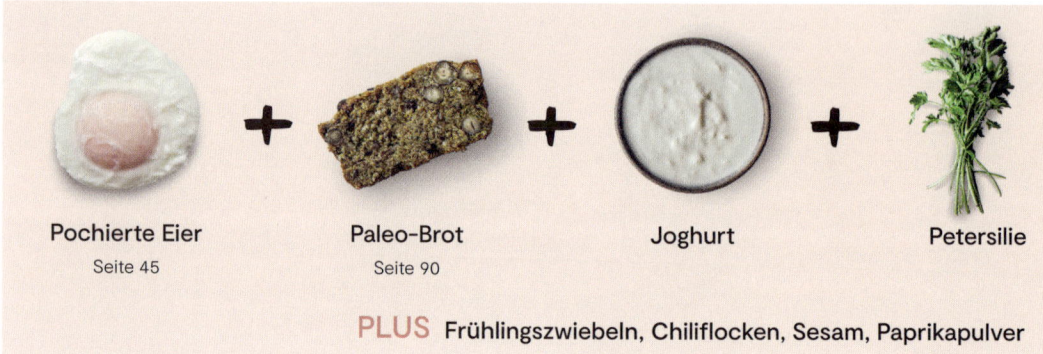

| Pochierte Eier | Paleo-Brot | Joghurt | Petersilie |
| Seite 45 | Seite 90 | | |

PLUS Frühlingszwiebeln, Chiliflocken, Sesam, Paprikapulver

KOMBI 2

| Pochierte Eier | Gebeizter Lachs | Avocado | Zitronensaft |
| Seite 45 | Seite 40 | | |

KOMBI 3

| Pochierte Eier | Pikantes Rinderhack | Salat | brauner Reis |
| Seite 45 | Seite 70 | | Seite 89 |

Gebeizter Lachs und ...

Edler Lachs ist so leicht zuzubereiten! Für dieses Rezept solltest du Lachs in Sushi-Qualität verwenden. Dazu passen pikante Aromen und kontrastreiche Konsistenzen.

KOMBI 1

Gebeizter Lachs
Seite 40

+

Zucchinipuffer
Seite 98

+

Kokos-Zaziki
Seite 123

+

Pfeffer

PLUS Zitronenschale, Dill

KOMBI 2

Gebeizter Lachs
Seite 40

+

Hafer-Cracker mit Körnern
Seite 96

+

Ziegenfrischkäse

+

Pfeffer

KOMBI 3

Gebeizter Lachs
Seite 40

+

eingelegte Zwiebeln

+

gehackte Pistazien

+

Sour Cream

+

Leinsamen-waffeln
Seite 92

Falafel und ...

Dieses Rezept aus dem Nahen Osten kommt auch bei Nicht-Veganern gut an. Hummus und ein frisches Dressing genügen dazu, aber noch besser sind diese Kombinationen.

KOMBI 1

Falafel mit Erdnussmus
Seite 54

+

Hummus
Seite 86

+

Maistortilla

+

Erbsen-Mandel-Pesto
Seite 122

PLUS rote Zwiebeln, Gurke, Kräuter

KOMBI 2

Falafel mit Erdnussmus
Seite 54

+

Marinierte Kichererbsen
Seite 116

+

Salat

+

Kokos-Zaziki
Seite 123

+

getrocknete Aprikosen, gehackt

KOMBI 3

Falafel mit Erdnussmus
Seite 54

+

Perfektes Ofengemüse
Seite 102

+

Hummus mit schwarzen Bohnen
Seite 86

+

Olivenöl

Rauchige Putenbällchen und ...

Putenfleisch ist ein Stimmungsaufheller, denn es wirkt sich positiv auf den Serotoninspiegel aus. Burger, Hackbraten oder Bällchen aus Putenhackfleisch schmecken zu Salat, Gemüse oder – mein Favorit – Leinsamenwaffeln.

KOMBI 1

Rauchige Puten-
bällchen
Seite 66

+ Leinsamenwaffeln
Seite 92

+ Erbsen-Mandel-Pesto
Seite 122

+ Salat

PLUS Tomaten, getrocknete Chiliflocken, schwarzer Pfeffer, Kräuter

KOMBI 2

Rauchige Puten-
bällchen
Seite 66

+ Gemüsenudeln

+ Grünes Dressing
Seite 123

+ Tomaten

KOMBI 3

Rauchige Puten-
bällchen Seite 66

+ Perfektes
Ofengemüse Seite 102

+ Quinoa
Selte 89

+ Avocado

+ Koriander

Gesunde Fischfrikadellen und ...

Fischfrikadellen mit Salat und einer Zitronenspalte sind der Klassiker, aber es gibt viele andere leckere Kombinationsmöglichkeiten. Hier kommen drei.

KOMBI 1

Gesunde
Fischfrikadellen
Seite 62

Essiggurken

Hummus mit weißen
Bohnen Seite 86

Salat

PLUS Kapern, Zitrone, Petersilie, Frühlingszwiebeln, Joghurtdressing, Pfeffer

KOMBI 2

Gesunde Fisch-
frikadellen Seite 62

Maistortilla

Avocado

Salat

Das Einfache
Dressing Seite 122

KOMBI 3

Gesunde Fisch-
frikadellen Seite 62

Quinoa
Seite 89

gewürfelte
Paprika

Karotten-
nudeln

Granatapfel-
kerne

Dressing mit
Zitrone + Tahini
Seite 122

Tofu mit Erdnüssen und ...

Tofu unterstützt die Knochengesundheit, denn er enthält sehr viel Kalzium. Mit Gemüse, Nüssen und Kräutern wird daraus eine köstliche Mahlzeit.

KOMBI 1

Tofu mit Erdnüssen	Perfektes Ofengemüse	brauner Reis	Erdnusskerne
Seite 64	Seite 102	Seite 89	

PLUS Kräuter

KOMBI 2

Tofu mit Erdnüssen	Auberginen mit Miso	Brokkoli	Cashewkerne
Seite 64	Seite 58		

PLUS Thai-Basilikum

KOMBI 3

Tofu mit Erdnüssen	Kürbispüree	Miso	Dressing mit Miso + Mandel	Blumenkohl-Steaks	gehackte Mandeln
Seite 64	Seite 100		Seite 123	Seite 56	

Blumenkohl–Steaks und ...

Diese Steaks ergänzen die Proteinkomponente jeder Mahlzeit optimal.
Ein Dressing (siehe Seite 122–123) rundet das Ganze ab.

KOMBI 1

Blumenkohl-Steak	Erbsen-Mandel-Pesto	Pochierte Eier	schwarzer Pfeffer
Seite 56	Seite 122	Seite 45	

PLUS Kräuter, Salz, Chiliöl

KOMBI 2

Blumenkohl-Steak	Erbsen-Mandel-Pesto	Tomaten	Pinienkerne	Pochierte Hähnchenbrust
Seite 56	Seite 122			Seite 50

KOMBI 3

Blumenkohl-Steak	Gegrillter Barsch mit Zitrone	Salat	Hummus mit Linsen + Spinat	Marinierte Kichererbsen
Seite 56	Seite 60		Seite 86	Seite 116

Zucchinipuffer und ...

Die Zucchinipuffer schmecken heiß und kalt. Sie können als Grundlage einer Mahlzeit dienen oder zerbröselt auf Gemüse, Getreide oder Salat serviert werden. Ein säuerliches Dressing passt besonders gut dazu.

KOMBI 1

Zucchinipuffer
Seite 98

Marinierte Kicher-erbsen Seite 116

Grünes Dressing
Seite 123

Gurkenstreifen

PLUS Pekannüsse, eingelegter Sellerie, Fenchel, Möhren, Zwiebel, Zitronenspalten, Koriander

KOMBI 2

Zucchinipuffer
Seite 98

Gegrillter Barsch mit Zitrone Seite 60

Koriander

Teff
Seite 89

Vinaigrette
Seite 120

KOMBI 3

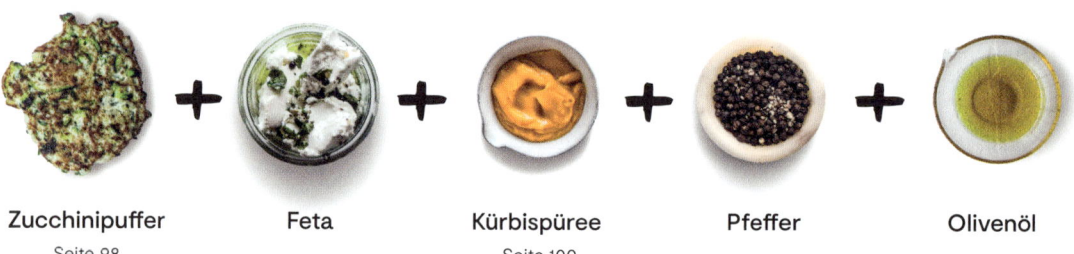

Zucchinipuffer
Seite 98

Feta

Kürbispüree
Seite 100

Pfeffer

Olivenöl

The green one

Hähnchen vom Blech und ...

Auf Seite 48–49 findest du drei verschiedene Würzmischungen für Hähnchen aus dem Ofen. Natürlich kannst du auch deine Lieblingsgewürze verwenden. Kombiniere das fertige Fleisch mit verschiedenen Zutaten, damit es immer wieder anders schmeckt. Ich mag besonders gern Limette, Mango und Kräuter.

KOMBI 1

Hähnchen vom Blech: Zitrone-Rosmarin
Seite 48–49

Kokos-Zaziki
Seite 123

Eingelegter Sellerie
Seite 124–25

Olivenöl

PLUS Walnusskerne, Apfel, Weintrauben, grüner Blattsalat, Kräuter

KOMBI 2

Hähnchen vom Blech: Spicy Barbecue
Seite 48–49

Avocado

Mango

Tomaten

Limettensaft

schwarze Bohnen

PLUS Chili

KOMBI 3

Hähnchen vom Blech: Ahornsirup-Sesam
Seite 48–49

brauner Reis
Seite 89

Rucola

Erbsen-Mandel-Pesto
Seite 122

Tomaten

Basilikum

PLUS Mandeln

Hummus und ...

Man könnte behaupten, dass ich total verrückt nach Hummus bin. Das ist sehr gut möglich, immerhin lässt er sich auf tausendundeine Art variieren.

KOMBI 1

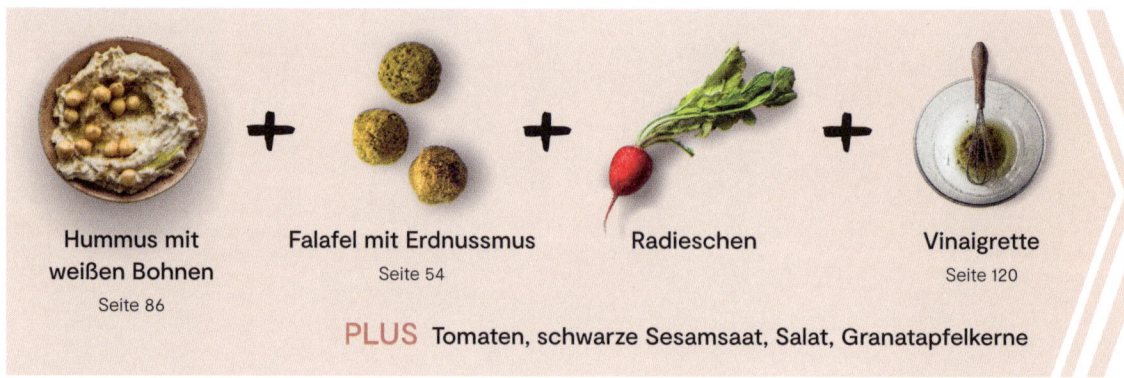

Hummus mit weißen Bohnen
Seite 86

\+

Falafel mit Erdnussmus
Seite 54

\+

Radieschen

\+

Vinaigrette
Seite 120

PLUS Tomaten, schwarze Sesamsaat, Salat, Granatapfelkerne

KOMBI 2

Hummus mit schwarzen Bohnen Seite 86

\+

Hafercracker mit Körnern
Seite 96

\+

Tofu mit Erdnüssen
Seite 64

KOMBI 3

Hummus mit Linsen + Spinat
Seite 86

\+

Paleo-Brot
Seite 90

\+

Thunfisch aus der Dose

\+

Sesamsaat

Lachs aus dem Ofen und ...

Lachs ist reich an Omega-3-Fettsäuren, die entzündlichen Prozessen im Darm entgegenwirken. Ich esse ihn mehrmals in der Woche mit frischen Kräutern, Getreide und Gewürzen.

KOMBI 1

Lachsfilet aus dem Ofen
Seite 42

Quinoa
Seite 89

marokkanische Gewürzmischung

Granatapfelkerne

PLUS Haselnusskerne, Rosinen, Kräuter, Vinaigrette

KOMBI 2

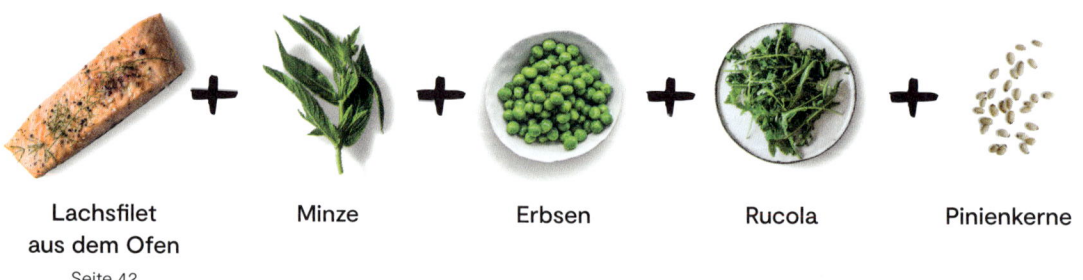

Lachsfilet aus dem Ofen
Seite 42

Minze

Erbsen

Rucola

Pinienkerne

KOMBI 3

Lachsfilet aus dem Ofen
Seite 42

Gurke

Avocado

Mais

Radieschen

Vinaigrette
Seite 120

Gegarte Garnelen und ...

Gegarte Garnelen habe ich immer im Tiefkühler. Sie sind schnell aufgetaut, und man kann sie kalt essen oder kurz erwärmen. Salat, Gemüse oder Reste werden mit Garnelen ruckzuck zu einer Mahlzeit.

KOMBI 1

Gegarte Garnelen   +   Mais   +   Avocado   +   Tomaten
Seite 25

PLUS Chiliflocken, frische Chili, Mango, schwarze Bohnen, Limetten, Salat, Kräuter

KOMBI 2

Gegarte Garnelen   +   Einfaches Dressing   +   Gurke   +   Koriander   +   Salatblatt-schalen   +   Zitrone
Seite 25   Seite 122

KOMBI 3

Gegarte Garnelen   +   Reisnudeln   +   Zitronen-schale   +   Misobrühe   +   gehackte Erdnusskerne   +   Minzeblätter
Seite 25

Asiatische Putenpfanne und ...

Mit den richtigen Zutaten wird aus der pikanten Putenpfanne ein Menü in Restaurantqualität.
Wer braucht da noch den Lieferservice?

KOMBI 1

Putenpfanne asiatische Art	Dressing mit Miso + Mandel Seite 123	Salatblattschalen	Granatapfelkerne

Putenpfanne
asiatische Art
Seite 68

Dressing mit Miso +
Mandel Seite 123

Salatblattschalen

Granatapfelkerne

PLUS Chili, Frühlingszwiebeln, Paprika, Koriander, Kräuter, Mandeln

KOMBI 2

Putenpfanne
asiatische Art
Seite 68

Kürbispüree
Seite 100

Marinierte
Kichererbsen
Seite 116

Sesam

getoastete
Tortillastücke

KOMBI 3

Putenpfanne
asiatische Art
Seite 68

brauner Reis
Seite 89

Pochiertes Ei
Seite 45

getrocknete
Chiliflocken

Honig

Gemüsenudeln und ...

Ob du selbst zum Spiralschneider greifst oder die Gemüsenudeln fertig kaufst (denk dran, Abkürzungen sind erlaubt!) – sie sind gesund, und es macht Spaß, sie zu essen. Du kannst sie dünsten, in Wok-Gerichte geben oder roh essen.

KOMBI 1

Gemüsenudeln + Dressing mit Zitrone + Tahini Seite 122 + Marinierte Kicher-erbsen Seite 116 + Avocado

PLUS Sesam, Frühlingszwiebeln, Petersilie

KOMBI 2

Gemüsenudeln + Rucola + Parmesan + Pinienkerne + Olivenöl

KOMBI 3

Gemüsenudeln + Hähnchen vom Blech Seite 48–49 + Koriander + Zitrone + Cashewkerne

DIY-Müsli und ...

Am Wochenende esse ich morgens gern eine Schale Schokomüsli mit Erdnüssen.
Langeweile beim Frühstück ist vorbei, wenn man sein Müsli selbst mischt.

KOMBI 1

| DIY-Müsli | Kakaonibs | Erdnusskerne | Zimt |
| Seite 78 | | | |

PLUS Buchweizengrütze, getrocknete Bananen, gemahlene Vanille, geröstete Kokosnuss

KOMBI 2

DIY-Müsli
Seite 78

Mandeldrink

frische
Bananenscheiben

Ahornsirup

KOMBI 3

DIY-Müsli
Seite 78

Apfelstücke

gemahlener Zimt

warmer
Macadamiadrink

Cookie-Teig zum Löffeln und ...

Natürlich kann man diese süße Leckerei einfach so naschen.
Aber es geht noch besser – mit diesen Zutaten.

KOMBI 1

Cookie-Teig
zum Löffeln
Seite 140

+

Salzkaramell
Seite 132

+

gefrorene Banane,
püriert

+

Kakaonibs

PLUS Medjool-Datteln, Pistazienkerne, Meersalzflocken

KOMBI 2

Cookie-Teig
zum Löffeln
Seite 140

+

Apfelscheiben

+

Rosinen

+

geriebene
Muskatnuss

KOMBI 3

Cookie-Teig
zum Löffeln
Seite 140

+

gefrorene Banane,
püriert

+

Tahini

+

gemahlener
Zimt

Gefrorene Banane und ...

Bananen stecken voller Vitamine und Ballaststoffe, außerdem machen sie Smoothies und Desserts,
die im Mixer zubereitet werden, herrlich cremig.
Tipp: Vor dem Einfrieren schälen und in Scheiben schneiden!

KOMBI 1

Gefrorene   Erdnusskerne   Kakaonibs   Misopaste
Banane

PLUS Mandeldrink, Erdnussmus

KOMBI 2

Gefrorene   Avocado   Limette   Grünkohl
Banane

PLUS Kokosmilch

KOMBI 3

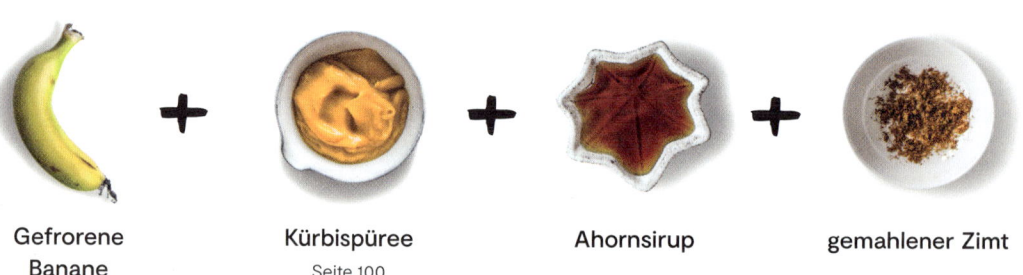

Gefrorene   Kürbispüree   Ahornsirup   gemahlener Zimt
Banane   Seite 100

PLUS Kokosmilch, Muskatnuss, Haferflocken

Körner und ...

Nicht alle hier vorgestellten Körner sind Getreidearten. Aber alle enthalten viele Ballaststoffe, die den Blutzuckerspiegel stabilisieren und anhaltend sättigen.

KOMBI 1

Freekeh
Seite 89

+

**Karamellisierte
Zwiebeln ohne Zucker**
Seite 104

+

Kürbispüree mit Miso
Seite 100

+

Pochiertes Ei
Seite 45

PLUS Rucola

KOMBI 2

Freekeh
Seite 89

+

brauner Reis
Seite 89

+

**geröstete
Kokoschips**

+

Knoblauch

+

Ingwer

PLUS Kokosmilch, Meersalz

KOMBI 3

Freekeh
Seite 89

+

**Karamellisierte
Zwiebeln ohne Zucker**
Seite 104

+

Teff
Seite 89

+

Lachsfilet aus dem Ofen
Seite 42–43

+

Minze

PLUS Feta, Petersilie, gehackte Datteln

Gegrillter Barsch und ...

Weißfleischigen Seefisch kombiniert man am besten mit gesunden Fetten und Ballaststoffen, damit daraus eine ausgewogene Mahlzeit wird.

KOMBI 1

Gegrillter Barsch mit Zitrone
Seite 60

Vinaigrette
Seite 120

Radieschen-scheiben

Koriander

PLUS Karotte, Paprika, Frühlingszwiebeln, Salat, gegrillte Zitronenhälften

KOMBI 2

Gegrillter Barsch mit Zitrone Seite 60

Avocado

Petersilie

Limette

Haselnusskerne

Tortilla

KOMBI 3

Gegrillter Barsch mit Zitrone Seite 60

Erbsen-Mandel-Pesto
Seite 122

Perfektes Ofengemüse
Seite 102

Bananenbrot und ...

Das süße Brot ist schon solo ein Genuss, aber mit diesen Zutaten schmeckt es einfach umwerfend.

KOMBI 1

Bananenbrot mit Schokolade	Bananenscheiben	Salzkaramell	gemahlener Zimt
Seite 130		Seite 132	

PLUS gehackte Mandelkerne, Chiasamen, Mandelmus

KOMBI 2

Bananenbrot mit Schokolade	Ricotta	Honig	Pistazien
Seite 130			

KOMBI 3

Bananenbrot mit Schokolade	zerdrückte Himbeeren	Erdnussmus
Seite 130		

Leinsamenwaffeln und …

Die Waffeln kurz auftoasten und mit herzhaften oder süßen Zutaten belegen –
zum Frühstück, Mittag- oder Abendessen.

KOMBI 1

| Leinsamenwaffeln | Gekochte Eier | Grünes Dressing | Pfeffer |
| Seite 92 | Seite 44 | Seite 123 | |

PLUS Avocado, gehackter Grünkohl, zerkrümelte Hafercracker

KOMBI 2

| Leinsamenwaffeln | Pochierte Hähnchenbrust | Dressing mit Zitrone + Tahini | Rucola |
| Seite 92 | Seite 50 | Seite 122 | |

KOMBI 3

| Leinsamenwaffeln | gemahlener Zimt | Heidelbeeren | Cookie-Teig zum Löffeln |
| Seite 92 | | | Seite 140 |

Pochierte Hähnchenbrust und ...

Mit Gewürzen und etwas Crunch wird das zarte Hähnchenfleisch noch leckerer.

KOMBI 1

Pochierte
Hähnchenbrust
Seite 50
+
Buchweizen
Seite 89
+
Misobrühe
+
Koriander

PLUS Frühlingszwiebeln, schwarze Sesamsaat, Kräuter

KOMBI 2

Pochierte
Hähnchenbrust
Seite 50
+
Blumenkohl-Steak
Seite 56
+
Erbsen-Mandel-Pesto
Seite 122
+
Granatapfelkerne

KOMBI 3

Pochierte
Hähnchenbrust
Seite 50
+
Einfaches Dressing
Seite 122
+
Salat
+
gehackte
Avocado
+
geröstete
Kokoschips

Gebackener Kürbis und ...

Gebackener Kürbis hat von Natur aus einen süßlichen Geschmack.
Ich kombiniere ihn der Ausgewogenheit halber gern mit salzigen Zutaten.

KOMBI 1

Kürbis, im Ganzen
gebacken
Seite 100

Feta

Honig

Rucola

PLUS Kürbiskerne, Spinat, Pfeffer, Rosmarin

KOMBI 2

Kürbis, im Ganzen
gebacken
Seite 100

Limette

Sojasauce

Erdnussmus

Für eine Suppe pürieren und mit reichlich Kokosmilch erhitzen.

KOMBI 3

Kürbis, im Ganzen
gebacken
Seite 100

Tofu mit Erdnüssen
Seite 64

Brokkoli

Sesamöl

Frühlingszwiebeln

Auberginen mit Miso und ...

Zu dem süßlich-salzigen, gebackenen Gemüse passen Proteine aller Art, aber auch anderes Gemüse. Schnell und ganz einfach!

KOMBI 1

Auberginen mit Miso
Seite 58

Gemüsenudeln

Eingelegte Eier
Seite 47

brauner Reis
Seite 89

PLUS Frühlingszwiebeln, Kräuter, eingelegter Ingwer, Chili, Sesamsaat, Sojasauce, Tofu

KOMBI 2

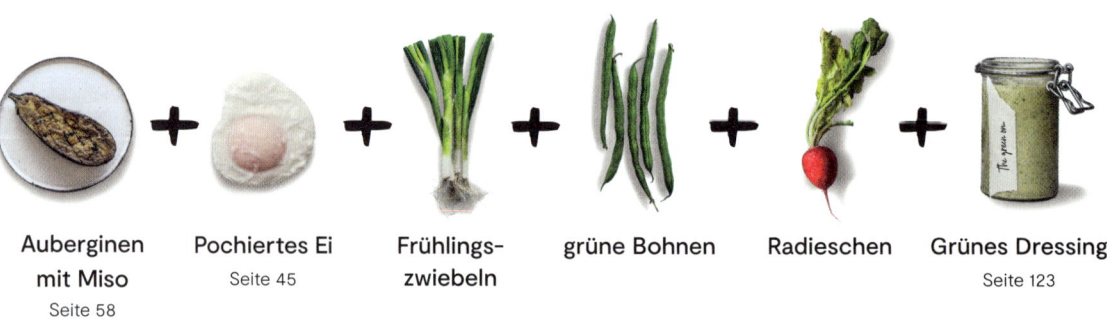

Auberginen mit Miso
Seite 58

Pochiertes Ei
Seite 45

Frühlings-zwiebeln

grüne Bohnen

Radieschen

Grünes Dressing
Seite 123

KOMBI 3

Auberginen mit Miso
Seite 58

Pikantes Rinderhack
Seite 70

Avocado

Blumenkohlreis

Marinierte Kichererbsen und ...

Die kleinen Protein- und Ballaststoffwunder schmecken schon für sich allein herrlich.
Mit gesunden Fetten (aus Avocado, Feta oder Lachs) wird die Nährstoffkombi perfekt.

KOMBI 1

**Marinierte
Kichererbsen**
Seite 116

$+$

**Hummus mit weißen
Bohnen** Seite 86

$+$

Feta

$+$

Tomaten

PLUS Mais, Koriander, Kräuter, getrocknete Chiliflocken

KOMBI 2

**Marinierte
Kichererbsen**
Seite 116

$+$

Salat

$+$

Hähnchen vom Blech
Seite 48

$+$

Avocado

KOMBI 3

**Marinierte
Kichererbsen**
Seite 116

$+$

**Lachsfilet aus dem
Ofen** Seite 42

$+$

**Kürbis, im Ganzen
gebacken** Seite 100

$+$

Petersilie

Hühner-Hackbraten und ...

Ich wärme Hackbratenscheiben unter dem Grill auf und belege sie (fast wie Toast) mit Avocado, Feta,
Hüttenkäse oder was gerade zur Hand ist. Man kann sie auch zerkrümeln,
um einen Salat gehaltvoller zu machen.

KOMBI 1

Hühner-Hackbraten
Seite 52–53

Grünes Dressing
Seite 123

Avocado

Frühlingszwiebeln

PLUS Cherrytomaten, Kräuter, Limette, Olivenöl, Chiliflocken

KOMBI 2

Hühner-Hackbraten
Seite 52–53

**Perfektes
Ofengemüse**
Seite 102

**Dressing mit Zitrone +
Tahini** Seite 122

Basilikum

KOMBI 3

Hühner-Hackbraten
Seite 52–53

grüne Bohnen

Kürbispüree
Seite 100

Feta

Register

Danke

Allem voran herzlichen Dank an meine Lesergemeinde – dafür, dass ihr dieses Buch zur Hand nehmt und mir auch online die Treue haltet. Wie könnte ich meine Begeisterung für unkomplizierte, gesunde Ernährung teilen, wenn ich euch nicht hätte? Danke dafür, dass ihr mich in eure Wohnzimmer, Küchen und Betten einladet und dieses Buch lest. Verliert nie euch selbst und eure Gesundheit aus den Augen!

Danke an das Team bei Murdoch (in Australien und England), das sich eine Kollektiv-Umarmung verdient hat. Jeder einzelnen Person, die dieses Buch auf dem Schreibtisch hatte, möchte ich danken. Ihr alle habt unermüdlich hinter den Kulissen gearbeitet, damit es entstehen konnte, dafür bin ich sehr dankbar. Und wenn das Buch zu sonst nichts nütze ist, kann man es vielleicht noch als Türstopper oder Monitorerhöhung benutzen.

Danke an meinen Dad, der mir in vieler Hinsicht den Weg ins Leben gezeigt hat. Deine unerschütterliche Unterstützung und Motivation kann man nicht in Gold aufwiegen.

Lee (@fitnessinthecity_), du bist die beste Freundin und Vertraute, die ich mir wünschen kann. Danke für tägliches Zuhören, fürs Mitfeiern in großen Momenten und für Trost bei Tiefschlägen, für Beistand bei Herzschmerz, ausführliche Diskussionen über den Verdauungsapparat und alles, was dazwischen liegt. Du machst mir Mut, immer neue und höhere Ziele anzuvisieren.

Jesse (@jadammms), der Flüge umgebucht hat, um mit einer wildfremden Person in Neuseeland abzuhängen, danke ich für die besten Reiseerinnerungen meines Lebens. Vielen Dank, dass du mein Leben wieder besser ins Lot gebracht hast, für das Kürbis-Pie-Rezept und für 10 wunderbare Tage in den kanadischen Rocky Mountains. All das werde ich nie vergessen. Am Zucker-High habe ich aber immer noch zu knapsen.

Sash (@livewithoutlabels) danke ich für Engelsgeduld, Ernährungsberatung in schlechten Zeiten, unglaubliche Fotos und noch viel mehr. Ich bin so froh, dass du mir an meinem ersten Studientag einen Sitzplatz freigehalten hast!

Jane M danke ich dafür, dass sie meine erste Idee angehört hat (und mir gesagt hat, ich solle eine bessere entwickeln), mir beim Ausfeilen geholfen und mir zugetraut hat, selbst Fotos zu schießen. Du hast vom ersten Moment an an dieses Projekt geglaubt, und ich bin froh, dass du dich auf mich und meine Buchidee eingelassen hast. Vielen Dank für deine Unterstützung und Beratung.

Meg danke ich dafür, dass sie meine Bilder und Texte zu einem gelungenen Ganzen verschmolzen hat, vom ersten Tag an hinter meiner Idee gestanden, als Hand-Model gedient und gute Laune verbreitet hat. Du hast dazu beigetragen, dass ich auf dieses Buch noch stolz sein werde, wenn ich alt und grau bin.

Jane P danke ich für ihre unerschütterliche Geduld und Hunderte von E-Mails, die mich am Thema und im Zeitplan gehalten haben. Wegen deiner ruhigen und konzentrierten Arbeitsweise ist alles rechtzeitig fertig geworden. Du hast eine Medaille verdient.

Sarah (@msmayohnaise) danke ich für viele Tage Arbeit in meiner Küche. Du hast nicht nur meine manchmal etwas fragwürdigen Rezepte erprobt und perfektioniert, sondern in den härtesten vier Wochen verhindert, dass ich verrückt wurde. Außerdem hat die Arbeit mit dir (und mit Sam Smith) riesigen Spaß gemacht. Ich freue mich auf das nächste Mal. Ohne dich wäre das Buch nicht entstanden, und ich wäre wahrscheinlich 10 Kilo schwerer.

Zuletzt danke ich meinen Lieben, die Nachtarbeit und Termindruck ertragen und in schwierigen Momenten immer ein ermutigendes Wort hatten. Herzlichen Dank für eure bedingungslose Unterstützung.

© 2019 ZS Verlag GmbH

Kaiserstraße 14 b

D-80801 München

ISBN 978-3-96584-017-1

1. Auflage 2020

Text Copyright © Sally O'Neil 2019

Design © Murdoch Books 2019
Cover photography © Rob Palmer 2019

Erstveröffentlichung der Originalausgabe unter dem Titel „The Fit Foodie Meal Prep Plan" 2019 by Murdoch Books, an imprint of Allen & Unwin

Publisher: Jane Morrow
Editorial Manager: Jane Price
Creative Manager: Megan Pigott
Designer: Sarah Odgers
Cover design: Trisha Garner
Editor: Melody Lord
Photography and styling: Sally O'Neil
(except p. 2, 7, 208 by Sasha Leong)
Cover photography: Rob Palmer
Cover styling: Vivien Walsh
Food preparation: Sarah Mayoh
Production Director: Lou Playfair

Projektleitung der deutschen Ausgabe: Kathrin Mayr
Übersetzung: Wiebke Krabbe
Satz und Lektorat: bookwise medienproduktion GmbH, München
Herstellung: Frank Jansen
Producing: Jan Russok
Printed and bound in China

Die ZS Verlag GmbH ist ein Unternehmen der Edel SE & Co. KGaA, Hamburg.
www.zsverlag.de | www.facebook.com/zsverlag

FSC
MIX
Papier aus verantwortungsvollen Quellen
FSC® C008047
www.fsc.org